LA POULE AUX ŒUFS D'OR

GRANDE FÉERIE EN TROIS ACTES

UN PROLOGUE ET VINGT-QUATRE TABLEAUX

De MM. DENNERY et CLAIRVILLE

MUSIQUE DE M. FESSY

Airs nouveaux de M. Paul HENRION

Divertissements de M. E. LEROUGE

DÉCORATIONS DE MM. CAMBON, THIERRY, RIQUIER, WAGNER, RIVIÈRE ET LARA

Les instruments du tableau de l'harmonie de MM. Bourdillat, Mira et Chatelet

Représentée pour la première fois, à Paris, sur le théâtre de l'ancien Cirque National le 29 novembre 1848.

PRIX : 60 CENTIMES.

Paris

BECK, LIBRAIRE, RUE DES GRANDS-AUGUSTINS, 3

1861

LA POULE AUX OEUFS D'OR

GRANDE FÉERIE EN TROIS ACTES,

UN PROLOGUE ET VINGT-QUATRE TABLEAUX,

De MM. DENNERY et CLAIRVILLE,

MUSIQUE DE M. PESSY,

Airs nouveaux de M. Paul Henrion,

Divertissements de M. E. LEROUGE,

DÉCORATIONS DE MM. CAMBON, THIERRY, RIQUIER, WAGNER, RIVIÈRE ET LARA.

Les instruments du tableau de l'harmonie de MM. Bourdillat, Mira et Chatelet.

Représentée pour la première fois, à Paris, sur le théâtre ancien CIRQUE NATIONAL
le 29 Novembre 1848.

Distribution du Prologue :

PERSONNAGES.	ACTEURS.
BABYLAS	MM. FRANCISQUE jeune.
BARNABÉ	WILLLIAMS.
BABOLEIN	LESUEUR.
POLYCARPE	ROSIER.
URBAIN	FOSSE.
ANSELME	THÉOL-PERRET.
GROS MINET	LEBEL.
FLORINE	Mmes HETZEL.
FANFRELUCHE	LÉONTINE.
MARCELINE	CHEZA.
SEIGNEURS, GARDES, PIQUEURS	

S'adresser, pour la musique, à M. HEISSER, bibliothécaire et copiste au théâtre ancien Cirque National.

PROLOGUE.

PREMIER TABLEAU.

Le théâtre représente une Chaumière.

SCENE PREMIERE.

POLYCARPE, BABOLEIN, BARNABÉ.

(Tous trois groupés de différentes manières et tournés vers un même point.)

BARNABÉ, *à Babolein.* Eh bien?.. vois-tu quelque chose?

BABOLEIN. Oui, voilà grand papa qui ouvre le poulailler.

POLYCARPE, BARNABÉ. Et dans le poulailler?...

BABOLEIN. Attendez donc! il n'est pas encore ouvert... *(Poussant un grand cri.)* Ah!..

TOUS. Quoi donc?..

BABOLEIN. La porte s'ouvre..

TOUS. Eh bien?...

BABOLEIN. Allons, bon!... juste devant moi..

POLYCARPE. Devant toi... qui?...

BABOLEIN. Grand papa...

BARNABÉ. Regarde par-dessus sa tête.

BABOLEIN. Il est trop grand...

BARNABÉ. Que c'est donc désagréable d'avoir un grand papa... grand!

POLYCARPE. Et la porte?...

BABOLEIN. Elle est refermée.

BARNABÉ. Pas plus avancés qu'hier. .

POLYCARPE. Qu'il y a un an!

BABOLEIN. Qu'il y a toujours

BARNABÉ. Je vous demande un peu ce que grand-père peut avoir caché dans ce poulailler mystérieux.

POLYCARPE. Dame!...

BABOLEIN. Tu crois...

POLYCARPE. Je crois... quoi?

BABOLEIN. Crois quoi!... Comment! crois quoi?

POLYCARPE. Si c'était... Oh! mais non... cela ne peut pas être ça...

BARNABÉ. Mais si, mais si, peut-être bien... je crois que c'est ça...

POLYCARPE. Ça quoi?..

BARNABÉ. Ce que tu viens de dire...

POLYCARPE. Mais je n'ai rien dit du tout!

SCÈNE II.

LES MÊMES, BABYLAS, *accourant ; ses vête-ments sont trempés, il a des sangsues au bout du nez.*

BABYLAS. Ah! à moi... au secours!...

POLYCARPE. Babylas!...

TOUS. Qu'est-ce qu'il y a?...

BABOLEIN. Qu'as-tu donc?

BABYLAS. Des sangsues !...

TOUS. Des sangsues!

BABYLAS Regardez, regardez mes narines... il y a des sangsues dessus, et mon nez est tout sens dessus dessous!...

TOUS. Ce pauvre frère!...

BALYLAS. Otez-moi ces vilains insectes...

BARNABÉ. Attends, je vais leur mettre du sel sur la queue... là...

BABYLAS. Comprend-on ces maudites bêtes; venir me piquer au visage!...

POLYCARPE. C'est déplacé !..

BABYLAS. C'est déplacé?... je crois bien!

BABOLEIN. Mais enfin, comment cela t'est-il arrivé?

BABYLAS. Voici l'anecdote... Voulant, ainsi que vous, surprendre le secret du poulailler, je m'étais juché sur un tas de fumier...

BABOLEIN. Ah! oui.. le tas de fumier tout proche la mare aux canards.

BABYLAS. C'est-à-dire au sangsues, car au moment où père grand insinuait la clé dans la serrure... patatras... le pied me glisse et je tombe la tête la première... je dirai même le nez le premier... au milieu de ces reptiles.

AIR du *Piège.*

Et sans vous j'aurais succombé
Aux blessures que j'ai reçues,
Car par malheur j'étais tombé
Sur des bien bêtes de sangsues.
Sur le nez j'en avais un tas,
C' n'est pas la place ordinaire...
Les ignorantes n'avaient pas
Étudié chez un apothicaire!

SCÈNE III.

LES MÊMES, URBAIN.

URBAIN, *entrant.* Cela t'apprendra à vouloir découvrir des choses qui ne te regardent pas.

TOUS. Urbain!...

URBAIN. Que pouvez-vous désirer?... que vous manque-t-il ici?... Pourquoi ne respectez-vous pas le secret de notre aïeul?

BABYLAS. Tiens! pourquoi a-t-il des secrets pour nous?.. Est-ce que j'en ai pour lui, moi?... est-ce que je lui cache quelque chose?... Quand j'ai faim, je le lui dis franchement; quand j'ai soif, je le lui avoue sans mystère; quand j'ai besoin d'une paire de sabots, je le lui confie sans hésiter.

TOUS, *moins Urbain,* Et moi aussi..

BABOLEIN. Au fait, c'est d'la franchise, cela..

URBAIN. Et savez-vous si le secret de nos parents n'est pas celui de notre bonheur; car nous sommes heureux, bien heureux... Jamais la faim ne franchit le seuil de notre chaumière, jamais le froid ne s'est glissé au foyer domestique!.. La paix et l'abondance sont notre partage... que voulez-vous encore?..

BABYLAS. Du secret... Je veux du secret!..

URBAIN. Est-il une meilleure mère que Marceline? un père plus vénéré que le nôtre?

BARNABÉ. Oh! un père... tu veux dire un grand, grand, grand, grand-père!.. car enfin, lui et sa moitié, nous ne savons pas au juste, ni ce qu'ils sont, ni ce que nous leur sommes...

BABYLAS. C'est vrai, ils sont si vieux, si vieux... qu'on ignore le numéro de notre génération... il y en a même dans le pays qui prétendent que grand-père est si âgé, que de son temps il a fait l'école buissonnière avec un ancien nommé *Mathieu Salé,* je crois!.. Oui, Mathieu Salé, c'est ça!

POLYCARPE. Mathusalem, bêta!..

BABYLAS. Mathusalembêta, c'est possible.

BABOLEIN. N'importe, pour un vieux de son âge, il est bien cachotier...

URBAIN. Oui, pour le bien qu'il fait... car dans le village personne ne sait encore que depuis quelque temps, il abrite dans sa chaumière une pauvre jeune fille qu'il a recueillie, mourante de faim et de froid...

POLYCARPE. La petite Florine..

BARNABÉ. Ah! ça c'est vrai qu'elle est gentille.

BABYLAS. Et reconnaissante donc!.. de beaux yeux bleus qui ont toujours l'air de vous dire: merci...

URBAIN. C'est une sœur pour nous...

BABOLEIN. Oh! une sœur... je crois que tu en serais bien fâché...

URBAIN. Moi?..

BABOLEIN. Tu en tiens..

URBAIN. Silence, mes amis, voici Marceline, notre excellente aïeule.

BABYLAS. Avec la petite Florine.

URBAIN, *tremblant.* Florine!

BARNABÉ. Tiens! comme ça l'a fait rougir!

BABYLAS. Ah! c'est vrai! Urbain, mon ami, défie-toi des coups de sang... tu devrais t'asseoir sur quelques-unes de mes sangsues.

SCÈNE IV.

LES MÊMES, MARCELINE, *entrant la première,* ensuite ANSELME ET FLORINE.

MARCELINE. Comment! encore ici, paresseux quand le soleil est levé depuis deux heures...

BABYLAS. Le soleil, le soleil, pardine, mère grand, ce n'est pas not' faute si le soleil se lève avant le jour, il n'a que ça à faire.

MARCELINE. T'as tant de raisons, et qu'on s'apprête pour se rendre aux champs.

BABOLEIN. Ah! grand'mère, pendant la canicule, vous ne vous doutez pas de ce que les champs sont...

ANSELME, *entrant avec Florine.* Oui, ma pauvre enfant, j'ai mûrement réfléchi, une jeune fille ne serait pas en sûreté au milieu de six garçons...

URBAIN. Que dites-vous donc, mon père?..

ANSELME. Je dis... je dis, que quoi que bien vieux, j'y vois encore assez clair, et que j'ai cru m'apercevoir... (*A Florine.*) Qu'avez-vous?.. vous pleurez mon enfant?..

FLORINE. Ah! Monsieur, je suis si malheureuse, je vous aimais déjà tant, vous et votre femme...

URBAIN. Vous l'entendez, mon père.

ANSELME. Oui, oui, j'entends qu'elle aime déjà beaucoup ma famille, et (*Regardant Urbain.*) je crois qu'il y a quelqu'un dans ma famille qui le lui rend bien.

URBAIN, *baissant les yeux.* Mon père!.. (*Tous les frères sont réunis à droite.*)

BABYLAS, *à ses frères.* Oh! quelle idée! pendant que tout le monde est occupé ici... le poulailler... si je pouvais...

TOUS LES FRÈRES, *moins Urbain.* Oui, oui, c'est ça.

BABOLEIN. Surtout, méfie-toi des sangsues...

BABYLAS. Sois tranquille, cette fois ci, j'aurai bon nez. (*Il sort.*)

ANSELME. Voyons, mon enfant, depuis que vous êtes parmi nous, nous ne vous avons pas encore demandé qui vous étiez, d'où vous veniez? notre charité à nous n'est pas questionneuse; mais si vous avez des parents, des amis qui puissent venir à votre secours, il faut nous le dire, il faut nous accorder toute votre confiance.

FLORINE. Des parents... je n'en ai plus!

BABOLEIN. Tiens! qu'est-ce qu'elle en a donc fait?

FLORINE. Je croyais, du moins, avoir rencontré des amis; mais il n'est pas dans ma destinée d'être heureuse...

URBAIN. Oh! croyez, chère Florine...

ANSELME. Taisez-vous, Urbain; et vous, mon enfant, continuez; dites-nous d'où vous veniez quand nous vous avons trouvée presque mourante à cette porte...

FLORINE. Oh! d'un village **bien** éloigné... où de pauvres gens m'avaient recueillie toute petite, et quand le bon Dieu les eut rappelés à lui, j'ai marché tout droit devant moi en priant pour eux, et quand je me suis arrêtée j'étais chez vous, le ciel avait eu pitié de l'orpheline.

ANSELME. Eh quoi! vous n'avez jamais connu votre père, ni votre mère?..

FLORINE.   ! je les aurais bien aimés, mais ils ne l'ont pas voulu...

Air nouveau de *Paul Henrion*

Plaignez, plaignez la pauvre fille,
Car on disait dans le hameau,
Qu'abandonnée auprès d'une charmille
J'eus la fougère pour berceau.
Voilà quelle est mon origine.
Oui, sur des fleurs je naquis un matin
Depuis on m'appela Florine.
Et le printemps fut mon parrain.
On devait m'appeler Florine
Car le printemps fut mon parrain.

URBAIN. Mon père, vous qui êtes si bon, j'espère que vous ne pensez plus à l'éloigner...

ANSELME. Il en coûte à mon cœur, mais c'est un devoir. (*A Urbain.*) Qui te dit que tôt ou tard tes frères ne l'aimeraient pas aussi, et de là des brouilles, des querelles, une famille divisée!...

FLORINE. Ah! Monsieur, je pars à l'instant...

ANSELME. Nous vous accompagnerons jusqu'à la lisière du bois, et je vous donnerai une lettre de recommandation pour un brave et digne homme, l'intendant des domaines royaux.

BABOLEIN. Tiens! comme ça se trouve, justement le roi Gros Minet et sa fille Fanfreluche chassent aujourd'hui dans la forêt...

ANSELME. Je le sais, et le temps nous presse... car il faut nous placer sur le passage du cortége. Vite, Poulot, mon chapeau.

AIR : *L'Abbé galant.*

Venez, ma chère,
Et Dieu vous bénira j'espère.
Non, plus d'effroi,
Je vous conduis auprès du roi.
URBAIN.
Ce grand monarque seul pourrait
Vous sauver.
BABOLEIN.
Ça le flatte,
Elle sera chez Gros Minet
Comme un' petite chatte.

FLORINE, *parlé.* Donnez-moi votre bras.

ANSELME. Du tout, prenez le mien, je suis solide encore, allez. (*A Babolein qui veut lui prendre le bras.*) Veux-tu bien me laisser tranquille, toi...

REPRISE.

ANSELME.
Venez ma chère, etc.
LES FRÈRES.
Allez, ma chère,
Et Dieu vous bénira, j'espère.
Non, plus d'effroi,
Il vous conduit auprès du roi.

(*Anselme, Marceline, Urbain et Florine sortent.*

SCENE V.

BABOLEIN, POLYCARPE, BARNABÉ, *puis*
BABYLAS.

BABOLEIN. Bravo! les voilà partis!..

POLYCARPE. Nous sommes maîtres de la maison...

BARNABÉ. Et Babylas qui ne revient pas...

POLYCARPE. Il faut aller au-devant de lui...

BABYLAS, *au dehors.* Grande nouvelle!.. grande nouvelle...

TOUS. Le voilà!..

BABYLAS, *entrant.* Vous êtes seuls?..

TOUS. Seuls...

BABYLAS, *riant.* Victoire!..

POLYCARPE. Ne crie donc pas si fort...

BABYLAS. J'ai le secret du poulailler.

TOUS. Vrai?..

BABYLAS, *montrant un œuf d'or.* Le voilà!..

TOUS. Ça?

BABYLAS. Un œuf d'or!..

TOUS. Un œuf d'or!..

BABYLAS. Rien que ça; j'ai trouvé dans le poulailler une grosse poule noire qui venait de se... soulager de ceci... et tenez, il est encore tout chaud.

BARNABÉ. Eh quoi! tu as vu...

BABYLAS. Non, cette poule est pudibonde; elle me tournait... le bec, mais si vous aviez vu tous les œufs qu'elle a pondus... Il y en a plein des paniers, des corbeilles, plein le poulailler.

> Air : *On dit que je suis sans malice*

> Dieu! quel spectacle magnifique!
> C'est magique, c'est fantastique!..
> J'ai trouvé sur tous les rayons
> Les œufs d'or rangés par quart'rons,
> Des œufs d'or quelle bonne chose.
> **POLYCARPE.**
> Mais s'ils sont en or, je suppose
> Que les mouillett's sont en argent.
> **BARNABÉ.**
> Et les coquetiers en diamant.
> **BABOLEIN.**
> On doit se casser plus d'un' dent.

TOUS. Quelle trouvaille!

BABYLAS. Ce sont de vrais lingots d'or..

POLYCARPE. Ah! pour des lingots, c'est trop léger.

BABYLAS. Trop léger... Voulez-vous parier que je le jette par terre et qu'il ne se casse pas...

BABOLEIN. Tu crois donc que ces œufs d'or sont des œufs durs?

BABYLAS. Des œufs d'or dur, certainement.. et.. tenez, pour vous le prouver (*Montrant l'œuf et le jetant par terre.*), je veux être pendu s'il se casse. (*L'œuf fait explosion et Babylas se trouve suspendu au plafond.*)

TOUS. Juste ciel!

BABYLAS. Miséricorde!..

CHŒUR.

> · *Quel tapage effrayant.* (Michel et Christine.)
> Pendu! pendu! pendu!
> Notre frayeur est grande,
> Il faut qu'on le dépende
> **POLYCARPE.**
> Ton sort dépend de toi.
> **BABYLAS.**
> A moi, sans plus attendre
> Si d' ça peut dépendre,
> Vite, dépendez moi.
> **TOUS.**
> Pendu, etc.

(*Pendant le chœur Babolein et Polycarpe ont apporté une échelle et dépendent Babylas. Anselme et Urbain sont entrés.*)

SCENE VI.

LES MÊMES, ANSELME, URBAIN.

ANSELME. Qu'y a-t-il? que se passe-t-il?

URBAIN. Mon frère!..

BABYLAS. Sapristi!.. voilà un œuf qui me tenait joliment à la gorge!

ANSELME. Mais qu'est-il donc arrivé?.. (*Tous les frères baissent la tête et tournent le dos.*) On se tait, on se cache. Je lis sur tous les visages, oh! je crains de deviner; le poulailler... malheureux!.. vous avez enfreint ma défense.

TOUS, *tombant à ses pieds.* Grâce!..

ANSELME. Pauvres enfants, ce n'est pas moi qui souffrirai de votre désobéissance; voyez, déjà Babylas a été puni comme il l'avait mérité..

BABYLAS. C'est vrai... je me suis conduit comme un pendard, et j'ai été...

ANSELME. Maintenant, que vos destinées s'accomplissent; je ne puis plus avoir de secrets pour vous, ma tâche ici-bas est terminée, la vôtre commence... Approchez, mes enfants, écoutez-moi et puissiez-vous ne jamais vous repentir de la découverte de ce trésor que je dérobais à vos yeux.

TOUS. Un trésor...

ANSELME. Il y a longtemps, bien longtemps de cela... votre grand-père venait de naître... un long hiver avait porté la désolation dans ce hameau, la famine décimait ses habitants; aussi, à l'exception d'une vieille poule noire dont notre compassion respectait la vieillesse, nous avions fait main basse sur tous les hôtes de notre poulailler.

BARNABÉ. C'était le massacre des innocents.

ANSELME. Un soir, deux hommes frappèrent à notre porte et demandèrent l'hospitalité. L'un était jeune et beau, l'autre était vieux et d'un aspect repoussant.

BABYLAS. Laid comme Babolein!

ANSELME. Plus laid que ça, si c'est possible : ils avaient faim, bien faim, disaient-ils! la force leur manquait; ils seraient morts peut-être ; et je n'hésitai pas. Je me dirigeai vers la basse cour, et tout tremblant j'allais en finir avec notre poule noire... lorsque tout à coup... (*On entend le son du cor.*) Qu'es-ce que c'est que ça?...

URBAIN. C'est la chasse du roi...

BABYLAS. N'importe, continuez, père grand, continuez, ce récit de vieille poule m'en a donné la chair... de poule.

ANSELME. Je me dirigeai donc vers le poulailler, lorsque tout à coup...

VOIX, *dans la coulisse.* A l'aide ! au secours ! la princesse !...

ANSELME. Ah ! mon Dieu ! ces clameurs, ces cris...

URBAIN. Quelque malheur peut-être.

SCÈNE VII.

LES MÊMES, MARCELINE, FLORINE.

MARCELINE, *accourant.* Sauvez, sauvez la princesse...

TOUS. La princesse.

FLORINE. Et dire que c'est moi...

TOUS. Vous !..

FLORINE. Ainsi que vous me l'aviez recommandé, je m'étais placée sur le passage de la chasse, lorsque j'aperçois la princesse qui seule et sans suite se dirige de mon côté... je m'approche vivement pour lui présenter ma demande, ma vue effraye son cheval qui se cabre et qui l'emporte à travers la forêt.

VOIX, *dans la coulisse.* Arrêtez ! arrêtez !.. au secours ! au secours !..

URBAIN. La princesse en danger, vite, vite, mes amis... (*Fausse sortie.*)

SCENE VIII.

LES MÊMES, GROS MINET, SEIGNEURS.

GROS MINET. Allez, courez, volez !.. dix-neuf francs de récompense à qui sauvera ma fille.

BABYLAS, *s'élançant.* Dix-neuf francs !.. ah ! je cours...

GROS MINET. Dix-neuf francs et la croix de mon ordre.

BABYLAS. La croix... alors merci, je reste.

GROS MINET, *au fond.* Ah ! la voilà qui revient, toujours emportée par son cheval... regardez, regardez !... ciel !... elle fait un faux pas !..

BABYLAS. La princesse.

GROS MINET. Non pas, sa monture.

TOUS. Ah !...

GROS MINET. Ne regardez pas... voulez-vous bien ne pas regarder... le premier qui regarde !..

CRIS, *au fond.* La voilà, la voilà !

GROS MINET. Ah ! ma fille ! ma fille est sauvée !..

SCENE IX.

LES MÊMES, LA PRINCESSE, TOUTE LA CHASSE.

LA PRINCESSE, *dans un grand désordre, faisant le tour du théâtre.* Pristi ! cristi ! sapristi !

GROS MINET, *la suivant.* Ma fille !...

LA PRINCESSE, *même jeu.* Corbleu ! mordieu ! pardieu !

GROS MINET. Chère Fanfreluche !

LA PRINCESSE, *même jeu.* Vertuchou !.. palsaugué !.. ventre jaune !

GROS MINET. Mon enfant !..

LA PRINCESSE. Qui est-ce qui m'appelle son enfant?

GROS MINET. C'est ton père...

LA PRINCESSE. Je ne vous reconnais pas...

GROS MINET. Ton père qui t'a portée dans son s... non, dans le sein de ta mère.

LA PRINCESSE. Je suis aveuglée par la vengeance !.. il m'en faut, j'en ai soif... vengez-moi... pristi ! vengez-moi !

GROS MINET. Je le veux bien... veux-tu que je fasse éreinter ta monture arabe.

LA PRINCESSE. Non, elle l'est déjà, vous n'avez que des rosses...

GROS MINET. Fanfreluche !

LA PRINCESSE. Ne m'agacez pas, mon père, ne m'agacez pas...

GROS MINET. Eh bien ! non, te plairait-il que je fisse pendre un de ces manants?

LA PRINCESSE. Pendre ça ! ah ! fi ! fi ! fi !

BABYLAS. Aussi bonne que belle...

LA PRINCESSE, *lui donnant un soufflet.* Tiens, toi !..

BABYLAS. Aïe !..

BARNABÉ. Aussi belle que bonne.

LA PRINCESSE, *lui donnant un soufflet.* Attrape !..

BARNABÉ. Oh !..

POLYCARPE. Aussi douce que jolie.

LA PRINCESSE, *lui donnant un soufflet.* Empoche !

POLYCARPE. Ah !...

LA PRINCESSE. Ah ! ça m'a fait du bien, ça m'a soulagée un peu.

GROS MINET. Eh bien ! pour te calmer tout à fait, tu ne veux pas que j'en pende quelqu'un des trois ?...

LA PRINCESSE. Y pensez-vous ?... mais regardez-les, regardez-les donc, mon père !

BABYLAS. Oui, regardez-nous donc, son père !

LA PRINCESSE. Ils sont déjà si laids comme ça, que pendus vous en feriez des monstres.

LES TROIS FRÈRES. Ah !...

LA PRINCESSE. Mais il me faut une vengeance de ce qui vient de m'arriver.

GROS MINET. Mais qu'exiges-tu, fille exigeante ?

LA PRINCESSE. C'est une fille de ce village qui est cause que j'ai perdu dans ce bois...

GROS MINET. Qu'avez-vous perdu dans le bois, princesse ?

LA PRINCESSE. Mes étriers... et si on ne me la trouve pas, j'ordonne qu'on emprisonne toutes les femmes, filles ou veuves du pays, jusqu'à ce que je connaisse la coupable... Allez !

FLORINE, *se montrant*. Arrêtez !... ne punissez personne, princesse...

GROS MINET. Oh ! comme elle est jolie !...

LA PRINCESSE, *sévèrement*. Pepa !

GROS MINET, *se remettant*. Hum ! hum !... vous disiez donc, ma charmante enfant ?...

LA PRINCESSE. Encore !.. ventre de cerf, *pepa* !

GROS MINET, *prenant une grosse voix*. Vous disiez donc, Mademoiselle...

FLORINE. Que je suis seule coupable... et que seule je mérite un châtiment, si c'est un crime que d'implorer une grâce.

GROS MINET, *tendrement*. Une grâce ! on a tort d'en demander une quand on en possède déjà tant ! (*Soupirant.*) Ah !...

LA PRINCESSE, *bas*. Sire, si vous continuez, je vous mets aux arrêts forcés !... (*Haut.*) Gardes, qu'on entraîne cette petite malheureuse.

TOUS. Grâce ! grâce !

URBAIN. Oh ! je ne souffrirai pas...

ANSELME, *bas*. Silence, mon fils ; ce soir, si tu veux, tu pourras la sauver.

URBAIN. Ce soir... vous me le promettez ?...

LA PRINCESSE. Ah ! maintenant que je tiens ma vengeance, que la chasse continue.

GROS MINET. Vous entendez, chasseurs... chassons.

Air de *Robin des bois*.

Pendant que nous jasons
Notre gibier se lasse,
Elle a dit que l'on chasse,
Chasseurs, chassons.
ENSEMBLE.
Pendant que nous jasons, etc.
GROS MINET.
Que la bête féroce
Ne soit pas à la noce,
Qu'un châtiment atroce
En délivre le roi.
CHŒUR.
Que rien ne nous arrête
Et que chacun répète,
Mort à la grosse bête,
GROS MINET.
Prenez bien garde à moi.
Tra la la, tra la, la, etc.
CHŒUR.
Tra la la, tra la la.

SCÈNE X.
ANSELME, MARCELINE, LES SIX FRÈRES.

BABYLAS. C'est drôle, le soufflet que m'a donné la princesse vient d'allumer dans mon cœur une flamme... il est vrai que les soufflets sont faits pour ça.

URBAIN. Ah ! mon père, vous m'avez dit que je pourrais la sauver...

ANSELME. Oui, mon enfant, oui, dans un instant tu pourras voir s'accomplir chacun de tes souhaits ! Marceline, notre secret ne nous appartient plus.

MARCELINE. Se peut-il ? ils auraient découvert ?

ANSELME. Oui, ma bonne Marceline ; mais approchez, mes enfants, et écoutez la fin de mon histoire :

Je vous disais donc que pour sauver ces deux étrangers je venais de tordre le cou à notre pauvre vieille poule ; mais quand je la laissai tomber à mes pieds je la vis tout à coup se ranimer, battre des ailes et s'éloigner en chantant !

TOUS. Ah bah !...

BABYLAS. Feue la poule chantait !...

ANSELME. Rempli d'étonnement, je me tournai vers les deux étrangers : il n'y en avait plus qu'un... le jeune, qui, me regardant avec bonté, me remercia de ce que j'avais voulu faire ! Grâce à toi, me dit-il, grâce à ta bienfaisance, je viens de gagner une gageure et de remporter une victoire sur mon terrible compagnon. — Mais qu'est-il devenu ? m'écriai-je. — Ce génie du mal est maintenant dans le corps de cette poule, qui lui servira de prison ; et pour le récompenser dignement, je forcerai cette poule de te donner chaque jour un œuf d'or, qu'il te suffira de briser pour voir s'accomplir un de tes souhaits !

TOUS. Des talismans !...

BABYLAS. Ah ! Dieu ! père grand, avez-vous dû en faire des omelettes !..

ANSELME. L'étranger s'était éloigné en me disant : Tu as été bon, sache aussi être sage ; et le lendemain, pour obtenir pour ma compagne et pour moi la paix et le bonheur paisible, j'ai cassé mon premier... et mon dernier œuf !...

POLYCARPE. Rien qu'un ?

ANSELME. Cent ans après, nous vivions encore heureux et calmes, mais bien surpris l'un et l'autre de ne pas voir arriver le jour du départ, lorsque l'étranger nous apparut de nouveau. — Jouis de ce bonheur que tu as su mériter, me dit-il, tu ne dois quitter ce monde qu'au jour où l'un de tes descendants aura découvert le secret de la poule aux œufs d'or.

URBAIN. Ainsi donc, mon père, c'est nous qui serons la cause...

ANSELME. Oh ! je ne m'en plains pas, mes enfants, notre vie a été si longue, qu'il est bien temps de nous reposer.

MARCELINE. Et puis le juste ne meurt pas, il s'endort pour se réveiller bientôt dans un monde tout rayonnant de joie et de bonheur !

ANSELME. A vous, mes enfants, à vous désormais ces trésors que nous avons méprisés ; puissiez-vous avoir le courage d'imiter notre sagesse.

URBAIN. Oui, mon père, dès que j'aurai délivré ma Florine, je jure de n'en briser qu'un.

TOUS. Et moi aussi.

POLYCARPE. Oh! oui, je n'en briserai qu'un. (*Bas.*) Qu'un quarteron.

BABYLAS. Oui, rien qu'un. (*Bas.*) Qu'un demi cent.

ANSELME. Et maintenant, recevez nos adieux et nos bénédictions...

MARCELINE. Adieu, mes enfants!

ANSELME. Adieu!...

FIN DU PREMIER TABLEAU

DEUXIÈME TABLEAU.

On entend un chœur céleste.

CHŒUR.

Air de *Faust.*

Toujours unis, vers la voûte éternelle
Allez! partez, heureux et triomphants,
Près du seigneur dont la voix vous appelle
Du haut du ciel veillez sur vos enfants.

(*Tous les enfants se mettent à genoux. Les deux vieillards se laissent tomber lentement sur un banc en les bénissant. Le fond de la chaumière se transforme tout à coup en temple brillant sous lequel sont les deux vieillards entourés de petits génies. Le trône monte lentement vers le ciel. — Le chœur reprend avec plus de force et le rideau baisse.*)

FIN DU PROLOGUE.

ACTE PREMIER.

TROISIÈME TABLEAU
Le Poulallier.

PERSONNAGES DE LA PIÈCE.	ACTEURS.
BABYLAS	MM. FRANCISQUE.
COCORICO	NEUVILLE
GROS MINET	LEBEL.
BABOLEIN	LESUEUR.
URBAIN	FOSSE.
POLYCARPE	ROSIER.
BARNABÉ	WILLIAMS.
LUCIFER	AMELINE.
UN PAYSAN	L'ÉCOLE.
UN HEIDUQUE	FÉLIX.
Mme SATAN	Mmes MÉLANIE.
FANFRELUCHE	LÉONTINE.
ESTHER	DARCY.
ÉMERAUDIN	ELÉONORE.
FLORINE	HETZEL.
AZARIEL	CÉLESTINE.
POMPADOUR	WEYS.
SATANAS	BRUNSWICK.
ZÉPHIRIN	CLARA.
MOLIÈRE	JENNY.
FOLLET	PAULINI.
NINON	Joséphine.
AZOLI	GASPARD.
UNE DAME	JOSÉPHINI.
SCINTILLANTE	CÉCILE T.
ARC-EN-CIEL	BLANCHE T.

Seigneurs, Dames et Génies, Diables, Pages, Soldats, Domestiques, Chinois, Chinoises.

SCÈNE PREMIÈRE.

AZARIEL, ÉMERAUDIN, ÉTHER, FOLLET, ZÉPHIRIN, AZOLI.

(*Au lever du rideau les six lutins sont groupés de distance en distance, derrière six corbeilles pleines d'œufs d'or. Au milieu du théâtre; sur un fumier doré est une vieille poule noire.*)

AZARIEL.
AIR de l'*Oiseau bleu.*

deux cents ans d'esclavage,
destin nous dégage

Du soin de garder davantage
Ce poulailler mystérieux.

LES LUTINS.

Quittons ces lieux, quittons ces lieux,

AZARIEL.

Sylphes joyeux,
Dans les airs prenez votre essor
Et laissez la poule aux œufs d'or.

LES LUTINS.

Sylphes joyeux,
Prenons notre essor
Et laissons la poule aux œufs d'or.

ÉMERAUDIN. Abandonner la poule aux œufs d'or!.. vous oubliez donc, mes frères, que cette enveloppe sert de prison à notre maître, à notre souverain.

ÉTHER. Émeraudin a raison... dans le corps de cette poule est enfermé ce génie persécuteur des hommes, qui leur souffle les pensées d'ambition et d'orgueil.

AZARIEL. Ce qui n'a pas empêché les humains d'être assez ambitieux et fort orgueilleux sans lui.

FOLLET. D'ailleurs, s'il est écrit dans le livre des destins que pour délivrer notre maître il faudra tuer la poule, son esclavage n'est pas loin de finir... ses nouveaux possesseurs seront d'abord trop altérés de plaisirs et de richesse pour attenter aux jours de leur ministre des finances; mais plus tard, qui sait s'ils ne se vengeront pas sur lui, des fautes qu'il leur aura fait commettre.

AZARIEL. C'est juste... et plus j'y pense, plus je m'applaudis d'avoir livré le secret du poulailler à cet imbécile de Babylas...

ZÉPHIRIN. C'est une excellente idée...

AZARIEL. Le vieux père Anselme était trop sage, trop vertueux...

AZOLI. Beaucoup trop... avec lui notre roi restait pour toujours dans sa prison, et nous, ses serviteurs, nous étions forcés de partager sa captivité; tandis qu'à présent...

ÉMERAUDIN. A présent, nous allons courir le monde...

FOLLET. Faire des folies.

TOUS. Oui! oui! des folies

ÉMERAUDIN. Oui, faire des folies, et en faire faire aux autres.. Car, voyez-vous, mes amis, les enfants du vieillard n'auront pas hérité de sa sagesse... ils se partageront les talismans, et nous serons là, visibles ou invisibles, pour leur souffler les idées les plus folles... les plus extravagantes...

TOUS. Approuvé, approuvé!

AZOLI. Et pour commencer, moi je m'empare de Babylas.

ÉTHER. Moi, de Polycarpe.

FOLLET. Moi, de Barnabé.

ÉMERAUDIN. Et moi, je me réserve Urbain.

AZARIEL. Prends garde... j'ai bien peur que celui-là ne marche sur les traces du vieil Anselme. Il est d'une sagesse...

AZOLI. Oui, mais il est amoureux... et l'amour, c'est aussi une bien grande source de folies ou de fautes. Maintenant, préparez ces corbeilles.

AZARIEL. Voyons, parmi les corbeilles amassées par le vieillard, il en est une, vous le savez, qui ne contient que les œufs pondus le 13 de chaque mois et le vendredi de chaque semaine.

ÉMERAUDIN, *montrant une corbeille.* Celle-ci, la corbeille noire.

AZOLI. Les œufs maudits.

ÉTHER. Tous les talismans qu'elle renferme ne réalisent que le contraire des vœux qu'on a formés...

TOUS. C'est vrai...

FOLLET. C'est vrai, le contraire toujours... je plains celui qui aura cette corbeille.

AZARIEL. A qui ferons-nous échoir cette corbeille?

TOUS, *ensemble.* A Babylas, à Polycarpe, à Barnabé, à Babolein, à Urbain.

COCORICO, *en dehors.* Cocorico!!... (*Il bâille.*)

AZARIEL. Ah!.. voilà le vieux Cocorico qui s'éveille.

AZOLI. Ah! en voilà un qui est drôle, enfermé jadis dans le corps d'un coq, avant même que notre maître habitât l'enveloppe d'une poule, Cocorico a repris tout à coup sa forme humaine.

ÉMERAUDIN. Oui, lorsque le secret du poulailler a été dévoilé...

AZARIEL. Et depuis ce matin, qu'il est redevenu homme, il n'a pas encore pu se défaire de la marche, des allures, et quelques fois même de la voix du coq...

ZÉPHIRIN. Il est moitié homme et moitié bête...

AZARIEL. C'est-à-dire, moitié homme, oui, mais bête tout à fait...

AZOLI. Chut! le voilà.

<hr>

SCÈNE II.

LES MÊMES, COCORICO.

COCORICO, *entrant.* Cocoric... (*Apercevant les génies.*) Messieurs, j'ai bien l'honneur de vous présenter mon... (*Imitant le coq.*) cocorico!... (*Il fait plusieurs pas en marchant à la manière des coqs.*)

AZARIEL. Bon jour, père Cocorico...

COCORICO. Comment! j'ai l'honneur d'être connu de ces messieurs?..

ÉTHER. Parfaitement...

FOLLET. Nous vous voyons tous les jours et depuis longtemps.

COCORICO. En vérité?..

AZOLI. Mais votre état de coq ne vous permettait pas de nous distinguer.

AZARIEL. Tandis qu'à présent que vous voilà redevenu homme...

COCORICO. C'est vrai... je suis homme!.. et assez joli homme, je m'en vante... (*S'admirant.*) Quelle taille, quelle démarche (*Il se promène en coq.*), et quel mollet! Je suis jambé comme...

ÉMERAUDIN. Comme un coq

COCORICO. Mais, d'où m'est venue cette transformation?..

AZARIEL. Eh! parbleu!.. de la découverte du grand mystère que renferme ce poulailler.

coconico. Se peut-il?.. le secret serait décou...
Ah ! l'émotion, la crainte, la surprise... (*S'agitant.*) Ah ! ah ! cocorico ! !.. cocori... Ah ! voilà
que ça se calme...

azoli. Mais, qu'avez-vous donc?

coconico. Hélas ! mes amis, vous venez de m'apprendre un grand malheur !

tous. Un malheur !..

coconico. Comme vous le savez, sans doute,
j'ai été coq pendant bien longtemps.

tous. Nous le savons...

coconico. Non pas un coq vulgaire ; j'étais un
superbe coq, le coq des coqs enfin !..

tous. Après, après...

coconico. Et, en cette qualité, je courtisais, selon la coutume de mes semblables, sept jeunes
poules, au nombre desquelles se trouvait celle
que vous voyez là.

tous. La poule aux œufs d'or !..

coconico. Hélas ! oui, je l'aimais !.. pas pour
son argent, au moins !.. Je ne me souciais pas des
lingots qu'elle... pondait, je n'en faisais aucun cas.
Je l'aimais pour elle ; car cette ponte dorée... elle
n'en était pas affligée lorsque je lui donnai mon
cœur de coq, un jour cette infirmité se développa
en elle, et ce jour là un déplorable génie me déclara que si quelqu'un pénétrait le mystère de ce
poulailler, je deviendrais moi-même la victime
perpétuelle des talismans qu'il renferme.

azariel. Ce pauvre Cocorico !.. c'est égal, il a
dû bien s'ennuyer dans son état de coq.

coconico. Mais non, pas trop... et lorsque je me
rappelle quel coquin de coq, quelle coqueluche de
coq j'étais... lorsque je me rappelle certaines aventures amoureuses... Eh bien ! tenez... ça m'émeut... ça m'émoustille... (*Marchant en coq.*) Il
me semble qu'on me chatouille la plante des pieds...
je sens.. j'éprouve... je... cocorico ! !.

émeraudin. Oh ! contez-nous donc ça...

tous. Oui, oui, contez-nous ça.

COCORICO.

Air nouveau de Paul Henrion.

Dans mon bon temps, quand j'étais coq,
Mon cœur, beaucoup moins dur qu'un roc,
Au moindre mot, au moindre choc,
Faisant soudain tic toc, tic toc.
N'ayant aucun goût pour le froc,
Le jeûne ne m'étant pas hoc,
En amour j'étais un escroc,
J'attaquais de taille et d'estocq
Et prenais tous les cœurs en bloc,
Comme le grand roi de Maroc !..

(*Parlé.*) Ah ! c'était un joli temps... c'était...
cocorico !..

tous. Continuez, continuez...

C'est que j'étais un fameux coq,
Un coq natif du Languedoc,
J'aimais la poulette et le broc
Aussi bien qu'un porteur de froc.
Je buvais beaucoup de Medoc,
Bon vin qui ne fut jamais toc
Et qui me semble pour un coq
Valoir mille fois mieux qu'un lock.
Un jour après plusieurs estocqs,
Dans une bataille de coqs,
Je fus sur la butte Saint-Roch,
Proclamé capitaine coq,
Une poulette dans le choc,
M'ayant vu plus ferme qu'un roc,
De nos deux cœurs m'offrit le troc.
A sa vertu j' fis un accroc.
J'eus un fils nommé Paul ad hoc, (*bis.*)
Sa naissance me fit un choc.
Ah ! que j'aimai ce Paul de coq ! !

azariel. C'est très intéressant...

émeraudin. Silence, voici les fils d'Anselmo.

coconico. Les héritiers de ces talismans?

azariel. Juste...

émeraudin. Et ils vont joliment s'en servir...
que de bonnes folies ils vont faire !

coconico. Ah ! j'en frémis d'avance ! dire que
c'est moi qui vais payer les œufs cassés !.. (*Tous
les lutins disparaissent.*)

SCENE III.

BABYLAS, POLYCARPE, BARNABÉ BABOLEIN, URBAIN.

CHŒUR.

Air : *Avançons en silence.*

Quel superbe héritage
Quel immense trésor !
Amis, rendons hommage
A la poule aux œufs d'or.

babylas, *à ses frères.* Tiens, la voici cette respectable fabricante de lingots... saluez, Messieurs..
Madame la Poule, moi et mes frères nous sommes
bien reconnaissants de ce que vous avez bien
voulu *faire* pour nous... Eh bien ! elle ne dit rien,
mais c'est fort malhonnête et je vais...

coconico, *s'approchant.* Arrêtez ! par grâce,
Messieurs..

babolein. Què que c'est que ça?

coconico. Comment, què que c'est que ça !

polycarpe. D'où sortez-vous, bonhomme !..

coconico. D'où je sors... je sors des gonds, à la
fin ; apprenez que je suis le coq de cette poule, et
que si vous faites tomber une seule plume de sa
tête... saprelotte... je vous... je... cocorico !..

babylas. Eh ! c'est ce vieux Cocorico... je le reconnais à son accent aigu.

COCORICO. Juste, c'est moi, Cocorico...

BARNABÉ. En ce cas, calme-toi... et nous, mes frères, aux talismans.

TOUS. Aux talismans !

BABOLEIN, *comptant les corbeilles.* Voyez donc, une, deux, trois, quatre, cinq corbeilles.

POLYCARPE. Chacun la sienne.

BABYLAS, *allant se placer derrière une corbeille.* Prenons possession.

TOUS. Oui, oui, prenons possession.

BABOLEIN. Ah ! la jolie corbeille rose, elle me va.

POLYCARPE. Je la prends.

BABOLEIN. Oh ! la belle jaune.

BARNABÉ. Je m'en empare.

BABOLEIN. Oh ! la jolie verte.

BABYLAS. Elle est à moi.

BABOLEIN. Oh ! la jolie bleue.

URBAIN. Je l'ai choisie.

BABOLEIN. Puisqu'il n'y a plus que la noire je la choisis. (*On entend les lutins éclater de rire.*)

BABOLEIN, *prenant la corbeille aux mauvais œufs.* Oh! les beaux œufs... j'ai bonne idée d'eux.

BABYLAS. En v'là-t-y de ces talismans, en v'là-t-y !.. allons-nous pouvoir nous en donner !.. Oh ! Dieu ! à moi les plaisirs , les fêtes, la richesse... et les femmes... Oh ! des femmes ! des femmes par dixaines, par centaines ! Ah ! sapristi !.. quel petit pacha à trois cataquois je vais faire...

COCORICO. Il était né pour être coq !

URBAIN. Eh bien ! moi, je n'ai que deux désirs et je ne casserai que deux talismans... l'un pour délivrer Florine, l'autre pour vivre avec elle de ce bonheur tranquille dont Anselme a vécu avec Marceline.

COCORICO. Ah ! si j'en possédais, moi, je n'en casserais qu'un seul pour être heureux !

URBAIN. Vraiment ! et qu'en ferais-tu ?..

COCORICO. Je m'en servirais pour redevenir coq ! pour me réunir à jamais à ma poule chérie...

TOUS. Ah ! c'est bien ça...

URBAIN. Eh bien !.. tiens... sois heureux toi qui qui n'as pas d'ambition... je te donne un de mes œufs. (*Il lui donne un œuf.*)

COCORICO. Un œuf... un talisman, à moi !..

BABYLAS. Allons... réalise ton vœu.

COCORICO. Certainement je veux... j'ordonne... je désire... (*Il va pour casser ses œufs et s'arrête en regardant la poule.*)

TOUS. Eh bien ?

COCORICO. Elle est bien vieillotte, ma pauvre vieille poule... et puis... une poule noire... je n'aime plus les brunes. . bah ! je verrai, je verrai, je réfléchirai... (*Il met l'œuf dans sa poche.*) Au revoir, bobonne.

URBAIN. Va, tu ne seras pas plus sage que mes frères !..

TOUS. Comment !..

URBAIN. Eh ! sans doute, je le prévois.

Air nouveau de P. Henrion.

Le monde ne pourra suffire,
A vos désirs ambitieux,
Que votre erreur, votre délire
Ne m'affligent pas les yeux.
Frères, recevez mes adieux,
Vous ne serez jamais heureux.

(*Urbain sort.*)

SCÈNE V.

LES MÊMES, *moins Urbain.*

ÉMERAUDIN, *reparaissant.* Il n'emporte pas sa corbeille, mais elle le suivra. (*Il fait un signe, la corbeille sort toute seule.*)

POLYCARPE. Tiens, ses œufs qui le suivent !.. bon voyage !.. A nous maintenant !.. moi d'abord je ne suis pas exigeant, je ne demande que le strict nécessaire ; mais je veux que ce nécessaire soit celui d'un monarque...

Air : *Le peuple a ses représentants* (de P. Henrion.)

A moi, la pourpre et la splendeur du trône,
Qu'un vaste empire obéisse à mes lois,
Je veux porter le sceptre et la couronne,
Et me draper dans le manteau des rois.
(*Il casse un œuf et se trouve travesti en roi, un seigneur lui présente un coussin sur lequel se trouve une couronne et une main de justice.*)
Sur l'univers, ma puissance domine,
Peuple à genoux, troupeau du genre humain,
Que votre front jusqu'à terre s'incline
Devant l'orgueil de votre souverain.

CHŒUR.

Sur l'univers, sa puissance domine,
Peuple à genoux, troupeau du genre humain,
Que notre front jusqu'à terre s'incline
Devant l'orgueil de notre souverain.

(*Polycarpe sort avec les seigneurs.*)

COCORICO, *tirant son œuf de sa poche.* Monarque... Pristi, c'est joli, j'aime mieux ça que coq... si j'essayais... non... non... pas encore, et puis monarque par le temps qui court... non... non... (*Il remet son œuf dans sa poche.*)

BABYLAS. Et dire que c'est un œuf... je n'en reviens pas.

Air connu

Mon frère doit son trône
    A l'œuf.
Son sceptre et sa couronne
    A l'œuf.
Il devra son empire
    A l'œuf ;
Bref, il doit d'être sire
    A l'œuf.

TOUS.

Certes, il doit d'être sire
A l'œuf.

BARNABÉ, *à part.* Ah! j'y pense, si c'était pour séduire la princesse que Polycarpe... et vite, ne nous laissons pas prévenir... (*Haut.*) Comme mon frère, je ne désire que le strict nécessaire, mais je strict nécessaire du monsieur dont parlait Babylas; je veux être Grand-Turc, avec un sérail au grand complet. (*Il casse un œuf; de tous les côtés du théâtre, des femmes vêtues en odaliques viennent l'entourer.*

CHŒUR D'ODALISQUES,

Air de la Poudre coton.

Heureux celui qui toujours
Nous appelle à son secours,
Vois tous nos divins contours
Parés de brillants atours.
La plus charmante des cours,
Oui, c'est la cour des amours
A ses dieux ayez recours
vous trouverez vos jours
Courts.

BARNABÉ. Mais je ne peux pas partir ainsi à pied, il me faut une voiture.

ZÉPHIRIN. Une voiture, sire, la voici. (*Un massif de fumier, sur lequel se trouvait la poule, se transforme en palanquin.*)

BARNABÉ. Une voiture ça?

ZÉPHIRIN. C'est ainsi que le sultan voyage en Orient, en palanquin.

BARNABÉ. En palan...quin, ça me va!

REPRISE DU CHŒUR.

Heureux celui qui toujours, etc.

(*Barnabé sort avec les odalisques.*)

COCORICO, *tenant son œuf qu'il va casser.* Ah! pour le coup, en voilà un qui a bien choisi, je vais... (*Remettant son œuf dans sa poche.*) Non, pas encore... pas encore!..

BABYLAS. Eh quoi! rois tous les deux... et moi, je ne suis roi de rien du tout .. Oh! si... oh! si... je veux régner sur... voyons, sur quoi, pourrais-je bien être appelé à régner. Ah! j'ai entendu parler... dis donc, Babolein, sais-tu ce que c'est que le règne animal?

BABOLEIN. Le règne animal?.. parbleu! c'est toi.

BABYLAS. Comment! c'est moi!

BABOLEIN. C'est toi, c'est lui, c'est moi aussi... c'est tout le monde.

BABYLAS. Le règne animal c'est tout le monde... mais alors, je veux être empereur de tout le règne animal; (*Il casse son œuf; à ce moment, il lui pousse une crinière, et tout son corps devient celui d'un lion.*)

QUATRIÈME TABLEAU.

Un éléphant d'une grosseur prodigieuse paraît au fond du théâtre conduit par deux cornacs. Babylas monte dessus, et se trouve enlevé presque jusqu'aux frises.

Ah! que c'est gentil! que c'est gentil! Tiens, je suis à éléphant... je n'avais jamais été à éléphant .. Allons maintenant, partons. (*L'éléphant sort en l'emportant.*)

Air des Fraises.

Voyez quel air triomphant,
Comme il marche avec pompe,
Dam! j'n'ai pas été souvent
À ch'val sur un éléphant,
Ça trompe.   (*ter.*)
(*Il disparaît.*)

COCORICO, *levant son bras pour casser son œuf.* Ah! cette fois, je n'y résiste plus, je veux... avoir un E. (*Remettant son œuf dans sa poche.*) Non, pas encore.

BABOLEIN. Eh bien! puisque tout le monde règne, moi aussi je règnerai, mais sur quelque chose de bien gentil... sur quelque chose qui sente bon.

Air : Tout comme a fait mon père.

J'adore l'empire des fleurs,
Et je veux cet empire,
Heureux quand je respire
Je suis fou des bonnes odeurs!
La violette
Est si parfaite,

La tubéreuse
Me semble vaporeuse.
La jacinthe me plaît beaucoup,
Mais la rose par dessus tout.
Aussi,
Ici,
Grâce à l'œuf que voici.
Je veux sentir la rose,

(*Il jette l'œuf; la mangeoire se transforme en un voiture sur laquelle on lit :* VENDANGE-POSTE. *Babolein et Cocorico sont chacun dans un des tonneaux.*)

Suite de l'air

Ça n'est pas la même chose,
La rose et ça, ça n'est pas la mêm' chose.

~~~~~~

SCÈNE VI.
TOUS LES LUTINS.

ÉMERAUDIN. Ils sont à nous, victoire

TOUS. Victoire! victoire!

AZARIEL. Maintenant, frères, ne les quittons plus. (*La poule chante et pond un œuf.*) Courage, Madame la poule, voilà des gaillards qui n'économiseront pas vos œufs.
~~~~~~

CINQUIÈME TABLEAU.

Le théâtre représente un jardin du palais de Gros Minet.

SCÈNE PREMIERE.

FANFRELUCHE, SES FEMMES.

FANFRELUCHE, *à ses femmes.* Je vous dis que vous n'avez pas le moindre goût, et que vous n'entendez rien à la toilette d'une princesse qui a de quoi. C'est vrai ça... rien que trois panaches, six boucles d'oreilles, six colliers et soixante-neuf bagues en tout !... Je vais avoir l'air d'une de mes sujettes.

UNE DES FEMMES. Si Madame la princesse le désire, je puis aller chercher l'écrin.

FANFRELUCHE. Oui, allez... je mettrai l'écrin dans mes cheveux. (*A la femme qui est sur le point de sortir.*) Ah! faites venir la prisonnière, cette petite impertinente qui s'est avisée de découvrir ma majesté... Je veux l'interroger moi-même, la juger moi-même, et la condamner moi-même... Allez.

LA FEMMES. Hélas.

FANFRELUCHE. Quoi?

LA FEMME. Je n'ose...

FANFRELUCHE. Qu'est-ce?

LA FEMME. La prisonnière...

FANFRELUCHE. Eh bien ?

LA FEMME. Elle s'est enfuie!

FANFRELUCHE. Enfuie.... malheureuse! (*Elle allonge la main pour donner un soufflet à la cameriste ; mais Gros Minet est accouru et s'est trouvé sous la main de sa fille.*)

SCÈNE II.

LES MÊMES, LE ROI.

LE ROI. Aïe!... (*Il éternue.*) Ah! tzi !

FANFRELUCHE, *tranquillement.* Dieu vous bénisse, mon père.

GROS MINET. Merci, mon enfant... mais tu étais en train de distribuer....

FANFRELUCHE. Rien... quelques ordres.

GROS MINET. Tu appelles ça des ordres !... Eh bien, une autre fois, ne donne plus d'ordres à ton père.

FANFRELUCHE. Oui, c'étaient des ordres touchant...

GROS MINET. Très touchants, même...

FANFRELUCHE. Touchant ma prisonnière qui s'est enfuie. (*Aux gardes.*) Allez, courez, volez, ramenez la, morte ou vive... ou je vous livre aux bêtes. (*A Gros Minet.*) Sire, c'est vous qui les châtirez (*Les gardes sortent.*)

SCÈNE III.

GROS MINET, FANFRELUCHE.

GROS MINET. Oui, ma fille; mais calme-toi, réjouis-toi et embrasse-toi.... non, embrasse-moi...

FANFRELUCHE. Et pourquoi ?

GROS MINET. Vois-tu ces trois lettres ?

FANFRELUCHE. Je les vois.

GROS MINET. Elles m'annoncent que tu ne coifferas pas sainte Catherine.

FANFRELUCHE. Ciel ! je rougis, ma pudeur s'effarouche... Est-ce qu'un jeune seigneur !...

GROS MINET. Tu n'y es pas.

FANFRELUCHE. Un jeune prince ?

GROS MINET. Tu n'y es pas.

FANFRELUCHE. Un jeune roi ?...

GROS MINET. Trois jeunes rois, trois têtes couronnées se disputent ta main... un monarque, un empereur... et un marchand de Vulnéraire... non... un grand Turc... qui te demandent en mariage s'ils ont le bonheur de te convenir.

FANFRELUCHE. Ils me conviennent.

GROS MINET. Mais ils sont trois.

FANFRELUCHE. Ils me conviennent tous les trois.

GROS MINET. Tu veux que j'accorde ta main à trois princes... mais c'est impossible... Ah! s'il n'étaient que deux, je ne dis pas, parcequ'à la rigueur tu as deux mains, mais ils sont trois...

FANFRELUCHE. Mais, mon père ! ils me conviennent pour choisir... mon tendre cœur fera son choix. . Dieu ! et mes femmes que j'ai renvoyées.. Je n'ai que trois panaches, six boucles d'oreilles et soixante-neuf bagues... être obligée de les recevoir en négligé.

GROS MINET. Tiens! voilà leurs trois missives revêtues de leurs trois sceaux.

FANFRELUCHE. Ah! il y a trois sceaux ?..

GROS MINET. Pardine !... puisqu'il y a trois maris.

UN HEIDUQUE, *annonçant.*

Le roi Polycarpo premier.

GROS MINET.

Le roi !... Tenez-vous droite ma fille ? (*Il la fait courir au trône.*)

SCÈNE IV.

LES MÊMES, POLYCARPE, *suivi d'un cortége.*

CHŒUR.

Air : *C'est le roi Dagobert*

Au roi Polycarpo
Chacun doit ôter son chapeau.

On donnerait sa peau
Pour l'honneur de son vieux drapeau :
Généreux, dispos
Et brave à propos,
Le joyeux troupeau
De Polycarpo
Peut sans un sou d'impôt
Mettre souvent la poule au pot.

(Le couplet se recommence jusqu'à la fin du cortége.)

POLYCARPE. Céleste fille, fille céleste, permets à ma grandeur de s'incliner devant ta hauteur !

FANFRELUCHE, *bas à Gros Minet.* Ah! mon père, qu'il a l'air bête !

POLYCARPE, *à Gros Minet.* Pardon, prince, je n'ai pas bien saisi la réponse de la princesse, et je brûle de savoir l'impression que j'ai produit sur elle.

GROS MINET. Ma fille trouve que vous avez l'air très-spirituel.

POLYCARPE. Ah! princesse, quand la vérité est si charmante, qu'elle est douce à entendre !...

FANFRELUCHE. Vous n'êtes pas difficile !...
(Une fanfare se fait entendre.)
L'HEIDUQUE. Sa Hautesse Ali-Baba Barnabé.

GROS MINET. Le Grand-Turc !... retenez-vous droite, ma fille.

SCÈNE V.

LES MÊMES, BARNABÉ, SON CORTÉGE DE FEMMES.
(Cortége composé d'Odalisques portant Barnabé sur un palanquin.)

CHŒUR.

Air du *Palanquin* (P. Henrion).

Sur un palanquin
Portons notre maître,
Et puisse-t-il être
Heureux en chemin.
C'est un souverain
Qu'il faut réconnaitr
Adorons son être
Qui semble renaître
Sur un palanquin,
Tin, tin, tin, tin,tin,

BARNABÉ. Aurore du matin, étoile du soir, perle d'amour, mirage de mon âme, arc-en-ciel de ma vie, permets au soleil de l'Orient de prosterner son front dans la poussière de tes pieds.

FANFRELUCHE. Ah! vous êtes le soleil... où donc est la lune?

BARNABÉ. Ma lune, ce sera toi... En acceptant le mouchoir, tu deviendras l'une... de mes épouses... Tu as le numéro soixante-sept.

FANFRELUCHE. Le numéro soixante-sept !... Je ne veux pas de votre numéro, entendez-vous?

BARNABÉ. Quand tu me connaîtras mieux...

FANFRELUCHE. Mais je vous reconnais parfaitement... vous êtes le petit laid de la chaumière.

BARNABÉ. Que parle-t-elle de petit laid?
(Une nouvelle fanfare se fait entendre.)
L'HEIDUQUE, *annonçant.* Babylas premier, empereur des animaux.

GROS MINET. Viens, mon petit lapin. (*Il la reconduit vivement au trône.*)

SCÈNE VI.

LES MÊMES, COCORICO, BABYLAS, *précédé et suivi par une cour de bêtes; les ministres en ânes, les courtisans en renards, les gendarmes en ours, etc.*

CHŒUR

Air : *Ah! c' cadet-là !*

Ah! c'temp'reur-là
C'te cour qu'il a
Voyez les bonnes têtes·
Ah! c'tempereur-là
C'te cour qu'il a,
C'est une cour de bêtes,
De bêtes, (*bis*).

FANFRELUCHE

Il n'est pas beau
Ce royaume nouveau,

GROS MINET.

Ma fille, sois des plus gracieuses.
Pense en ce jour
Que surtout à la cour
Les bêtes sont toujours dangereuses

BABYLAS.

Charmant tableau !
Que je suis beau !
Ma puissance
Commence ;
Je ne représente pas mal
Dans le règne animal.

TOUS.

Ah! c'temp'reur-là, etc.

(Pendant la reprise, Babylas descend en scène.)

BABYLAS. Charmante princesse, daignez jeter les yeux sur la cour qui m'environne.

FANFRELUCHE. Comment, une cour, ça!..

BABYLAS. Oui, princesse... une cour recrutée par un brave militaire à mon service, un capitaine à moi dont le nom est sans doute venu jusqu'à vous, le brave capitaine Coc...

GROS MINET. Le capitaine Cock... oui, un brave marin, je connais.

BABYLAS. Non... le capitaine Coc... corico... Approche, Cocorico, et fais à cette noble princesse l'inventaire de mes sujets.

COCORICO. Oui, majestueuse Majesté.

Air nouveau de Paul Henrion.

> Pour faire votre cour,
> Et ne pas rester court,
> Même à ma basse-cour
> J'ai dû recruter votre cœur.

(Désignant un ours en lunettes d'or.)

> Voyez cet ours, contre lui tout se ligue,
> De nos auteurs c'est un des plus féconds;
> Mais du théâtre éloigné par l'intrigue,
> Ses manuscrits restent dans les cartons.

(L'ours tire un mouchoir et pleure.)

> Ce dogue martial
> Est un municipal,
> Lequel traite assez mal
> Ceux qui cancanent dans un bal.
> Pour le nommer ministre des finances,
> J'ai dû choisir ce crocodile abstrait,
> Il est vivant, il a des dents immenses
> Pour mordre ceux qui mordraient au budget.
> Vos flatteurs sont des daims,
> Vos courtiers des dauphins,
> Vos huissiers des requins
> Et vos écrivains
> Des serins.
> Puis je transforme en portiers en portières,
> Le perroquet, la pie, et cœtera,
> J'ai des dindons pour vos actionnaires
> Et j'ai des rats pour filles d'opéra.
> J'ai pour gardes des loups
> Pour jaloux des hiboux,
> Pour amants des matous
> Et pour époux
> J'ai des coucous.
> Bref, à côté de légères gazelles,
> De lourds taureaux montrent leurs fronts cornus,
> Je vous promets de tendres tourterelles
> Et des chameaux fort bien entretenus.
> Pour faire votre cour,
> Et ne pas rester court,
> Même à la basse-cour
> J'ai dû recruter votre cour.

POLYCARPE. Tout cela, c'est de la gloriole.

BARNABÉ. C'est de la banque. Princesse, j'ai mieux que cela à vous offrir : allons, mes Odalisques, déployez votre savoir-faire.

GROS MINET, *à Fanfreluche.* Viens, mon gros poulet. *(Ils se remettent sur le trône.)*

BALLET.

> Et maintenant que vous nous connaissez tous
> les trois, Princesse, choisissez.

FANFRELUCHE. Eh! bien, oui, je me décide. Ni l'un.. ni l'autre.

GROS MINET. Ma fille, pas de précipitation ; prends garde de te trouver... quelque chose entre trois selles.

BABYLAS. Ainsi, vous ne voulez pas m'aimer?

FANFRELUCHE. Impossible à mon cœur.

BARNABÉ. Ni moi?

FANFRELUCHE. Ni vous (*montrant Polycarpe*), ni lui.

POLYCARPE. En avant les talismans!... Ah! je saurai bien te forcer à être à moi. (*Il brise un œuf en disant :*) Pour qu'elle m'aime!...

FANFRELUCHE, *portant la main à son cœur et regardant amoureusement Polycarpe.* Ah! qu'est-ce que je sens là... ça m'a pris comme une envie d'éternuer... (*Courant à Polycarpe; avec sentiment :*) Oh! que vous êtes joli!... que vous me semblez beau !

BARNABÉ. Que vois-je!... Polycarpe... elle lui fait de l'œil... (*Cassant un œuf.*) et vite, pour qu'elle m'adore !...

FANFRELUCHE, *portant la main à son cœur.* Ah! que sens-je?.., ou plutôt que ressens-je?...

BARNABÉ. Eh bien?... comment nous trouvons-nous?

FANFRELUCHE, *avec tendresse.* Ah!... sire!... mon petit Grand-Turc!... je crois que je vous adore...

GROS MINET. Lui aussi!... Comment!... elle en aime deux à la fois...

COCORICO. Dame ! ça s'est vu quelquefois... j'en ai bien aimé sept.

POLYCARPE. Allons donc!... c'est moi que vous adorez, n'est-ce pas mon adorée?

FANFRELUCHE. Oui!:..

BARNABÉ. C'est moi qu'elle chérit, n'est-ce pas, ma chérie?

FANFRELUCHE. Oui!...

BABYLAS. Ah! elle vous aime!... ah! elle vous adore... (*Cassant un œuf.*) Eh bien ! pour qu'elle m'idolâtre!...

FANFRELUCHE, *portant la main à son cœur.* Ciel! que ressens-je! Cher Babylas!...

GROS MINET. Encore un !.. mais c'est monstrueux !...

COCORICO. Une idée.. si je me faisais aimer aussi.. (*Il va pour casser son œuf.*) Ma foi non... pour un quart de cœur... c'est trop peu...

GROS MINET. Enfin, ma fille, décidez-vous, quel est celui des trois que vous épousez?..

FANFRELUCHE. Lequel?.. Vous voulez savoir lequel?.. (*Allant alternativement de l'un à l'autre.*) C'est,.. c'est... c'est... Saprelotte, mon père, je ne peux pourtant pas...

GROS MINET. Quoi?

FANFRELUCHE. Je n'oserai jamais...

GROS MINET. Quoi?

FANFRELUCHE. Je ne puis vous dire...

GROS MINET. Quoi? quoi? quoi?

FANFRELUCHE. Enfin, mon père, il n'y aura jamais assez de place sur le trône... pour que nous y tenions tous les quatre !

TOUS. Tous les quatre!

cocorico. Elle l'avoue !.. Une poule pour trois coqs, mais c'est le monde renversé.

FANFRELUCHE. Ah ! mon faible cœur s'est trahi, mon secret m'est échappé... Permettez que je m'échappe...

GROS MINET. Viens, ma fille, voile ta honte dans le sein de ton père... et dérobons à tous les yeux ta fâcheuse infirmité.

SCENE VII.

LES MÊMES, *moins* GROS MINET *et* FANFRE-LUCHE.

BABYLAS. Adorés tous les trois... ce n'est pas naturel... Messieurs mes frères, il doit y avoir des traîtres parmi nous.

POLYCARPE. Oui, toi, d'abord.

BABYLAS. C'est possible, et vous autres après !

BARNABÉ. Ou plutôt, c'est vous deux....

BABYLAS. Mais ça ne se passera pas comme ça.

POLYCARPE. Des menaces !.. Souviens-toi que mon armée fera respecter son chef.

BARNABÉ. Mes femmes défendront leur sultan.

BABYLAS. Mes bêtes protégeront leur empereur. A moi, Cocorico !

cocorico. Saprelotte, qui est-ce qui en veut à mon monarque.. cocorico !..

POLYCARPE. Téméraires !

BARNABÉ, Insensés !

BABYLAS. Misérables !

SCENE VIII.

LES MÊMES, BABOLEIN, COCORICO.

BABOLEIN, *qui est arrivé à la fin de la scène.* Eh bien ! eh bien ! qu'est-ce que c'est ? Comment ! on se dispute !

POLYCARPE. Barnabé et Babylas sont deux traîtres !

BARNABÉ. Babylas et Polycarpe sont deux despotes !

BABYLAS. Polycarpe et Barnabé sont deux rien du tout !

BABOLEIN. Là, quand on nous disait que ces talismans nous porteraient malheur.

LES TROIS FRÈRES. Comment ! est-ce que toi-même ?..

COCORICO. Lui !.. Ne l'approchez pas, vous en seriez fâchés !

BABYLAS. Que lui est-il donc arrivé ?

BABOLEIN.

Air des *Trois couleurs.*

Quoi ! vous voulez en savoir davantage ?
Pour des motifs que je tiendrai secrets.
Ce que j'ai vu dans mon trop long voyage
Je n'oserai le raconter jamais.

cocorico.

Pour découvrir les plus charmantes choses,
Cassant un œuf, il disait au destin
De le conduire au paradis des roses,
Et le destin l'a conduit à Pantin.

TOUS. Ce pauvre frère !

BABOLEIN. Mais la princesse, la princesse ; quel est celui qui l'épouse ?

BABYLAS. J'allais en triompher ; mais quand on a pour rivaux des intrigants...

BARNABÉ *et* POLYCARPE. Intrigants !

BABYLAS. Casser des talismans pour empêcher un homme aimable d'être aimé.

BARNABÉ. User de magie pour se faire chérir.

POLYCARPE. Recourir à la sorcellerie pour m'enlever la victoire.

BABOLEIN, *s'interposant.* Mes frères !

cocorico. Bon, bataille de rois, ça va être drôle.. Kiss, kiss !

BABYLAS. Il faut être bien laid.

BARNABÉ. Bien bête.

POLYCARPE. Bien sot.

BABOLEIN, *même jeu.* Mes frères !..

cocorico. Kiss... kiss... kiss.

BABYLAS. Oh ! c'en est trop... Vengeance !

TOUS. Vengeance ! vengeance !

POLYCARPE. La guerre !

TOUS. La guerre !

BABOLEIN. Ah ! c'est comme ça... ils ne veulent pas entendre la raison... Eh bien ! pour que la concorde se rétablisse... (*Cassant un œuf.*) pour que mes frères s'embrassent à l'instant !..

CHŒUR.

AIR de l'*Homme qui bat sa femme.*

Des coups d' pied, des coups d' poin
  On en donne
  A qui raisonne.
Des coups d' pied, des coups d' poing,
  Et ne les ménageons point.
    Pif, pouf, pan, pan !
Il faut n'épargner personne.
    Pif, pouf, pan, pan !
C'est un argument charmant,

BABOLEIN. Mais ce n'est pas ça, ce n'est pas ça du tout, il y a erreur. Gardes, rétablissez la paix. (*Tous les frères tombent les uns sur les autres à coups de poings et se poursuivent à coup de pied, tout le monde se bat. Changement.*)

FIN DU CINQUIÈME TABLEAU.

SIXIÈME TABLEAU.

LA CHAUMIÈRE.

SCÈNE PREMIÈRE.
URBAIN, FLORINE.

URBAIN. Eh bien ! Florine, êtes-vous contente, et n'avez-vous plus rien à demander au sort ?..

FLORINE. Il faudrait être bien exigeante... quand vous m'avez soustraite à mes persécuteurs, quand vous m'avez tirée d'une prison pour faire de moi votre heureuse fiancée... ah ! Urbain, je vous aimais déjà, mais maintenant...

URBAIN. Ne me remerciez pas encore, Florine, car cette modeste chaumière et un amour pur et sincère, voilà tout ce que Urbain peut offrir à la compagne de sa vie.

FLORINE. Mais c'est le bonheur, Monsieur ; songez-y donc ; moi, pauvre orpheline, naguère encore sans abri, sans protecteurs, je vais être heureuse ici comme une reine...

URBAIN. Bien vrai ? ah ! si vous saviez quel plaisir vous me faites... ainsi, point d'ambition ?..

FLORINE. Jamais d'autre que celle de vous plaire sans cesse.

URBAIN. Point de goût pour le luxe, les parures...

FLORINE. A quoi bon ?.. tant que vous me trouverez jolie...

URBAIN. Vous serez toujours charmante à mes yeux...

FLORINE. Mais pourquoi toutes ces questions, on dirait que vous vous méfiez de moi...

URBAIN. Oh ! non, Florine, et maintenant que je suis rassuré, je puis sans crainte vous dévoiler un secret.

FLORINE. Un secret ?..

URBAIN. Écoutez-moi, Florine, car je ne veux rien avoir de caché pour vous. Vous voyez cette corbeille... *(Elle se trouve sur la table.)*

FLORINE. Oui.

URBAIN. Eh bien ! chacun des œufs qu'elle renferme est un talisman qui réalise, à l'instant même, chacun de nos vœux.

FLORINE. Se peut-il ?.. un pareil miracle !

URBAIN. J'ai tant de confiance en vous, Florine, que je vous remets la garde de cette précieuse corbeille.

FLORINE. A moi ?..

URBAIN. A une condition, pourtant ; c'est que vous ne mettiez jamais leur puissance à l'épreuve.

FLORINE. Jamais ?..

URBAIN. Chère Florine !.. mais d'autres ont été moins sages que nous ; mes frères, possesseurs ainsi que moi de ces œufs magiques, en ont fait un dangereux usage... Il faut que je vous quitte, que j'aille m'informer de leur sort.

FLORINE. Me quitter... déjà.

URBAIN. Pour revenir bientôt.

FLORINE. Adieu donc !

URBAIN, *lui montrant la corbeille.* Rappelez-vous votre promesse.

FLORINE. Soyez tranquille.

AIR de la *Barcarolle.* (Vicomtesse Lolotte.)

> Lorsque je vous regarde,
> Heureux je me hasarde,
> A vous laisser la garde
> De puissants
> Talismans.
> Près des charmes suprêmes
> Que l'amour fait prévoir
> Ces talismans eux-mêmes
> N'auraient aucun pouvoir.

ENSEMBLE.

FLORINE.

> Que rien ne vous retarde,
> Et qu'Urbain se hasarde
> A me laisser la garde
> De puissants
> Talismans.

URBAIN.

> Lorsque je vous regarde, etc.

(Ils sortent ensemble.)

SCÈNE II.

ÉMERAUDIN, *sortant de la muraille ; ensuite* COCORICO, *puis* FLORINE.

ÉMERAUDIN. Confier votre secret à une femme, ah ! mon pauvre Urbain, j'ai bien fait dans notre poulailler de vous choisir pour ma victime, et cependant je vous croyais plus sage.

COCORICO, *entrant.* Oh ! la la... les reins... je suis rompu.

ÉMERAUDIN. Silence donc !

COCORICO. Maudits talismans, maudits frères.

ÉMERAUDIN. Est-ce que tu aurais été battu ?

COCORICO. Et jeté à terre donc !.. j'ai été battu, jeté... jeté battu ! quelle danse !

ÉMERAUDIN. Allons, console-toi, si tu es bien sage, je vais te montrer une jolie petite villageoise.

COCORICO. Une femme... oh ! Dieu ! quand on me parle de femme, mon ancien naturel se réveille !... mon cœur bondit, ça m'exalte, ça me... cocorico !..

ÉMERAUDIN. Veux-tu te taire !

COCORICO. Pardon, Monsieur, c'est plus fort que moi.

ÉMERAUDIN. Ne pouvant triompher des vertus d'Urbain, je vais agir sur sa maîtresse, afin que sa maîtresse réagisse sur lui...

COCORICO. Oh ! laissez-moi agir sur elle à votre place.

ÉMERAUDIN. Non ; mais tu pourras me seconder; on vient, c'est elle !

COCORICO. Elle... oh! qu'elle est jolie... oh! qu'elle est ravissante... oh! cocorico!

ÉMERAUDIN. Malheureux! veux-tu bien te taire.

FLORINE, *entrant*. Adieu. Ce bon Urbain : quel attachement!.. quelle confiance. Mais je saurai m'en montrer digne... et je suis si sûre de moi que je consens à ce que ces œufs se brisent d'eux-mêmes, à chacun des désirs que je pourrai former.

ÉMERAUDIN. Très bien ; accepté !

COCORICO. Ah! saprelotte, mon bon ami, qu'elle est belle.

FLORINE. Oh! j'aime trop Urbain pour souhaiter autre chose que son amour.

ÉMERAUDIN, *jetant au milieu de la chaumière un joli petit soulier de satin blanc.* C'est ce que nous allons voir.

COCORICO. Que veux-tu faire?

ÉMERAUDIN. Tais-toi.

FLORINE, *trouvant le soulier.* Oh! le joli petit soulier de satin blanc!.. mais comment est-il venu ici !.. (*Prenant le soulier.*) Oh! comme il est petit!.. si je l'essayais, personne ne le saura, mais avec ces gros bas bleus, c'est impossible, il me faudrait un joli bas de soie : (*A ce moment elle se trouve chaussée avec le soulier de satin , et sautant de joie.*) Il me va!.. il me va!..

COCORICO. C'est vrai, il lui va comme un gant.

ÉMERAUDIN. Maintenant elle est à moi !

COCORICO. Oh! part à deux... part à deux, jeune homme !

FLORINE.

Air nouveau de Paul Henrion.

Vraiment, il me chausse à merveille,
Ce soulier n'a pas son égal..
De le garder tout me conseille,
Et quoiqu'il me fasse un peu mal.
Mon petit pied aurait grand tort de craindre
D'être à l'étroit dans ce juste escarpin...
Beau prisonnier tu ne dois pas te plaindre
De ta prison les murs sont en satin,
Heureux captif, que peux-tu craindre,
Tu dois bénir un tel destin :
Un prisonnier doit-il se plaindre
Quand sa prison est en satin.

(*Regardant le soulier.*) Oh! que c'est gentil ! que c'est gentil !.. mais comme il jure avec son voisin... il me faudrait la paire ; décidément, je veux la paire !

ÉMERAUDIN. Allons donc. (*Un œuf de la corbeille éclate et l'autre pied de Florine se trouve également chaussé d'un soulier de satin blanc.*)

FLORINE. Ah! mon Dieu! ce prodige... et ce bruit que je viens d'entendre!.. (*Regardant la corbeille et se rassurant.*) Non, non, ils y sont encore tous...

COCORICO. Oh! maintenant je crois comprendre.

FLORINE, *regardant ses bas.* Oh! les jolis bas ! les jolis souliers !

COCORICO. Et les jolies jambes.

ÉMERAUDIN. Veux-tu te taire!

FLORINE, *regardant son jupon.* Mais quel affreux jupon...

ÉMERAUDIN. De mieux en mieux !..

FLORINE. Mais ça ne va plus du tout avec une semblable chaussure... il me faudrait une robe de satin avec de l'argent, des dentelles... Oh! que ce serait joli! que je voudrais en avoir une. (*Nouvelle détonation ; elle se trouve vêtue comme elle a demandé.*) Et la robe aussi... Oh! que je suis heureuse !.. qu'Urbain sera content.

COCORICO. Et moi donc... coc...

ÉMERAUDIN, *même jeu.* Silence, donc.

FLORINE. Ah! tout ce que je demande, je n'ai qu'à parler ; que je dois être gentille maintenant... et personne pour me le dire.

COCORICO. Et moi donc.

ÉMERAUDIN. Tout à l'heure.

FLORINE. Pas même un miroir pour que je puisse m'admirer.

ÉMERAUDIN. Vous allez être obéie, ma belle ! (*Nouvelle détonation ; un vieux bahut se trouve transformé en une élégante psyché.*)

FLORINE, *s'apercevant dans la glace et jetant un cri de surprise* Ah !..

Air nouveau de Paul Henrion.

Quelle est cette brillante femme?
Serait-ce moi ?...je n'en crois rien.
Pourtant ce miroir le proclame,
Et ce miroir parle si bien...
Ne dit-il pas, que jamais noble dame
N'eut un aspect plus enchanteur.
Taisez-vous, taisez-vous, menteur,
Je ne veux pas croire un flatteur.

DEUXIÈME COUPLET.

Quoi! tu me dis qu'un charme étrange,
De mes attraits double le prix,
Voyez ce que peut la louange,
Je suis déjà de son avis.
Si je l'écoute, il dira que d'un ange,
J'ai le pouvoir fascinateur...
Taisez-vous, taisez-vous, menteur,
Nous aimons tant croire un flatteur.

Ah! je me sens d'une joie !... c'est singulier!... l'émotion, le plaisir.... Je me soutiens à peine..... oui, mais s'asseoir sur ce vilain escabeau, je gâterais ma belle robe... il me faudrait un siége qui répondît à l'élégance de ma toilette...

ÉMERAUDIN. Sois obéie !

(*Nouvelle détonation ; tous les vieux meubles se transforment en meubles dorés.*)

COCORICO. Tiens, décidément vous la mettez dans ses meubles?

FLORINE, *admirant.* A merveille... c'est superbe !... mais à présent ces beaux meubles sont déplacés dans cette chaumière... leur véritable place est dans un palais. (*Nouvelle détonation.*)

FIN DU SIXIÈME TABLEAU.

SEPTIÈME TABLEAU.

La chaumière se transforme en palais.

SCÈNE PREMIERE.

ÉMERAUDIN. Maintenant, tout est au complet, et voilà pourtant ce qu'a produit une simple petite pantoufle !...

COCORICO. Jeune homme, je vous prendrai pour mon cordonnier.

FLORINE. A la bonne heure, voilà ce qui s'appelle aller vite en besogne. Quel dommage que personne ne soit là pour me voir, pour m'admirer...

COCORICO, *se montrant*. Oh! si, il y a quelqu'un, quelqu'un qui admire.

FLORINE. Un homme !

COCORICO. Non pas un homme, un coq; non pas un coq, un homme.

FLORINE. Qui êtes-vous? que voulez-vous?

COCORICO. Qui je suis? je n'en sais rien. Ce que je veux? je l'ignore (*Avec intention.*), mais je le soupçonne! oh! viens avec moi sur la verte prairie; je chercherai pour toi des grains de mille et de blé, je couverai tes œufs et j'abriterai nos petits poulets sous mes ailes...

FLORINE. Que signifie?...

ÉMERAUDIN, *bas*. Vous oubliez donc que vous êtes homme?

COCORICO. C'est juste, pardon, mille pardons, bel ange; mais l'émotion... auprès de vous, mon bec... non ma bouche divague; ma patte... non ma main brûle... je perds ma crête... non la tête!

FLORINE. Monsieur, je ne vous comprends pas..

COCORICO. Eh bien ! je vais tout vous dire... je... vais... vous... dire... cocorico !

FLORINE. Ah ! mon Dieu !

Air nouveau de Paul Henrion.

COCORICO,

Cocorico! (*bis*)

FLORINE.

Quel mot me faites-vous entendre.

COCORICO.

Si nous étions sous un berceau;
Je saurais vous faire comprendre
Cocorico!

FLORINE.

Cocorico,
veut dire cocorico?
Cocorico ! !

DEUXIÈME COUPLET.

COCORICO.

Cocorico (*bis*)

Est-un moyen de correspondre;
Nous ferions un charmant duo
Si vous vouliez bien me répondre.
Cocorico !

FLORINE.

Cocorico ?

COCORICO.

Oh! dites-moi cocorico!

Il tombe aux pieds de Florine. Urbain paraît au fond.)

SCÈNE II.

LES MÊMES, URBAIN, BABOLEIN.

URBAIN. Que vois-je?

FLORINE. Urbain...

BABOLEIN, *regardant le local*. Eh ! mais c'est fort bien ici.

URBAIN. Ces meubles, ce palais, ce riche costume !

BABOLEIN. Qu'est-ce que tu nous disais donc que tu ne casserais qu'un seul œuf?

COCORICO, *avec jalousie*. Quel est ce jeune homme? Urbain !...

FLORINE. Ah! je me souviens.. ce que j'ai dit tout à l'heure : je consens à ce que ces œufs se brisent d'eux-mêmes à chaque désir que je formerai.

URBAIN. Malheureuse !

COCORICO. Il l'appelle malheureuse... Ah! la colère me monte au visage, je sens ma crête qui rougit.

BABOLEIN. Tiens, Cocorico ici!

(*Cocorico s'est mis à se promener gravement en tournant sur lui-même et en roucoulant comme un coq jaloux et en colère. Babolein l'examine.*)

BABOLEIN. Ah ça ! qu'est-ce qu'il a donc?

COCORICO. L'aimerait-elle !.. si je le savais ! Ah! je suis jaloux.

(*Il se met à tourner autour d'Urbain et roucoule avec colère.*)

BABOLEIN. Ah ça ! il m'embête celui-là avec ses cocorrr.. Dites donc, vieux Cocorico, si vous êtes malade, veux-tu un lait de poule?

COCORICO. Un lait de poule, à moi !!

URBAIN. Ah ! Florine, de grâce, venez, suivez-moi, quittez ces vains atours.

COCORICO. Jamais! (*Il tourne autour d'Urbain avec colère.*) Cocorrr...

URBAIN. Que nous veut donc cet homme?

BABOLEIN. Attends, je ne sais pas ce qu'il veut; mais je sais bien où il va aller.

URBAIN, *le voyant prendre un œuf*. Arrête, que vas-tu faire?

BABOLEIN. L'envoyer à vingt-sept mille lieues d'ici.

URBAIN. Babolein !

BABOLEIN. Pour qu'il s'envole à l'autre bout du monde !

COCORICO. Moi, par exemple... cocorrr... (*Babolein casse son œuf et Cocorico reste à l'état de statue sur un perchoir.*)

FLORINE. Que vois-je !

BABOLEIN. Comme ça, il ne nous gênera pas... Eh bien ! eh bien ! comment il reste... Ah ! je suis bien mal servi.

URBAIN. Vous le voyez, Florine, voilà le counable emploi que l'on fait de ces talismans qui, dans nos mains, pouvaient être des sources de joie, et qui seront des instruments de douleurs. Ah ! je vous en conjure, quittons ces lieux.

ÉMERAUDIN. Heureusement, je suis là.

URBAIN. Rendez-moi le bonheur, rendez-mo ma Florine d'autrefois.

FLORINE. Vous le voulez... eh bien ! je vais...

ÉMERAUDIN, *descendant au milieu.* Arrêtez !...

FLORINE et URBAIN. Un page.

ÉMERAUDIN. Je viens au nom du roi mon maître, qui m'a chargé de retrouver dans cette province un enfant enlevé il y a seize ans.

FLORINE. Il y a seize ans !...

ÉMERAUDIN. Une petite fille arrachée de son berceau et du palais de son père par de cruels ennemis qui, n'osant tuer l'héritière légitime de leur prince, l'abandonnèrent dans un champ.

FLORINE et URBAIN. Dans un champ, il y a seize années !...

ÉMERAUDIN. C'est du moins ce que vient de révéler l'un des coupables... La jeune princesse fut abandonnée dans un champ de fleurs, et les paysans qui la recueillirent, ignorant son nom illustre, lui donnèrent celui de son nouveau berceau : on l'appela Florine.

FLORINE. Florine !... mais c'est moi.

ÉMERAUDIN. C'est vous !.. (*Tombant à genoux.*) Oh ! princesse.

BABOLEIN. Florine, une princesse !

URBAIN. Oh ! mais non, c'est une illusion.

ÉMERAUDIN. Une illusion !.. regardez !..

(*Sur tous les sièges et sur tous les meubles, transformés en sièges, se trouvent des princes, des pages et des dames formant une cour.*)

BABOLEIN. Ah! mais, d'où sont-ils sortis, ceux-là?

CHŒUR.

Air nouveau de Paul Henrion.

Honneur et gloire à la princesse !

Qu'on s'empresse
A suivre sa loi.
Honneur et gloire à la Princesse !
A la fille de notre roi.

(*Pendant ce chœur tout le monde s'est rapproché de Florine en la séparant d'Urbain.*)

FLORINE.

Urbain, Urbain, veuillez m'entendre...

URBAIN.

Il est trop tard...

FLORINE.

Vous céderez.

URBAIN.

Jamais.

FLORINE.

Oh ! tant d'orgueil... je ne veux pas me rendre.

URBAIN.

Si vous m'aimez comme je vous aimais... Je vous attends...

FLORINE.

Moi, je vais vous attendre...

URBAIN.

Dans ma chaumière.

FLORINE.

Et moi dans mon palais.

ÉMERAUDIN. Ah ! et ce pauvre Cocorico. (*Il le touche à l'épaule et lui tire le nez.*)

COCORICO, *se ranimant et achevant le cri qu'il avait commencé.* Corico !

CHŒUR.

Honneur et gloire à la princesse, etc.

(*Florine sort avec le cortège. Urbain sort désespéré. Le théâtre change.*)

FIN DU SEPTIÈME TABLEAU.

HUITIÈME TABLEAU.

Une campagne remplie de moulins.

SCENE PREMIERE.

BABYLAS, BARNABÉ, POLYCARPE, COCORICO, BABOLEIN.

BARNABÉ, *entrant le premier.* Par ici, par ici, mes amis.

BABYLAS. Ah ! ça... où sommes-nous donc?

POLYCARPE. Je ne vois que des moulins à vent.

BARNABÉ. Je ne vois même que des moulins... après.

COCORICO. Avant tout, Messieurs, si nous nous reposions ici...

TOUS. Oui, oui !..

BABYLAS. Dire que nous avons été en querelle ! Nous, cinq frères unis jusqu'alors comme les dix doigts de la main !..

POLYCARPE. C'est vrai, nous avons été sur le point...

BABYLAS, *montrant son poing.* De nous battre à coup d'*idem.*

BABOLEIN. Ah ! si je n'avais pas sacrifié un œuf.. je ne sais guères jusqu'où vous alliez...

COCORICO. Ah ! oui, ils te réussissent bien tes œufs tu le presses toujours trop. Tiens, moi, par exemple, je pense à penser à ce que je penserai quand je penserai à quelque chose.

SCENE II.

LES MÊMES, FLORINE, ÉMERAUDIN.

FLORINE, *dans la coulisse.* Venez, venez de ce côté.

BABYLAS. Cette voix...

POLYCARPE. C'est celle de Florine.

FLORINE, *s'arrêtant.* Mon nom...

TOUS. C'est elle !

FLORINE. Que vois-je !.. les frères d'Urbain !

BABYLAS. Quel changement !..

BARNABÉ. Comment se fait-il ?

FLORINE. Un prodige, un miracle... Mais je ne puis vous en instruire en ce moment.... Je suis poursuivie.

TOUS. Poursuivie !..

FLORINE. Par ma cousine, la prince Fanfreluche.

BABYLAS, POLYCARPE *et* BARNABÉ. Notre amoureuse !

FLORINE. Elle refuse de reconnaître mes droits au trône.

POLYCARPE. Vos droits au trône !

FLORINE. Oui, mes amis, c'est là ce mystère que je vous apprendrai plus tard, mais le temps presse et je dois...

ÉMERAUDIN. Si j'osais me permettre un conseil...

FLORINE. Parle.

ÉMERAUDIN. Ce matin, ce jeune homme que vous nommez Urbain, a laissé en vous quittant une corbeille qui, disait-il, contenait des talismans.

FLORINE. Oui... je sais... Eh bien ?

ÉMERAUDIN. Quand, d'après vos ordres, je voulus les lui rendre, il me répondit : Je n'en ai plus besoin, que votre maîtresse les garde, et puissent-ils à jamais la préserver des écueils du pouvoir.

FLORINE. Oui, vous m'avez dit cela... Mais je ne veux pas... je ne dois pas accepter...

ÉMERAUDIN, *à part.* C'est ce que nous verrons.

LA PRINCESSE, *en dehors.* Par ici, mon père, par ici.

FLORINE. Juste ciel ! la princesse !

ÉMERAUDIN. Impossible de fuir...

BABOLEIN. Oh ! que de soldats !

FLORINE. Ah ! ces moulins... cherchons-y un refuge.

TOUS. Aux moulins ! (*Les cinq frères, Florine et sa suite entrent dans les moulins.*)

SCENE III.

FANFRELUCHE, GROS MINET, SOLDATS.

FANFRELUCHE. Soldats, attendez mes ordres !

GROS MINET, *entrant le dernier.* Je n'en puis plus, je succombe !..

FANFRELUCHE. Et vous, mon père, cherchez ma rivale, battez la campagne.

GROS MINET. Mais je ne fais que cela, malheureuse ; mes sujets prétendent que je la bats toujours... la campagne.

FANFRELUCHE. L'audacieuse !... oser soutenir qu'elle est votre nièce, qu'elle est ma cousine.

GROS MINET. Mais elle a raison.

FANFRELUCHE. Qui le prouve ?

GROS MINET. Les sceaux.

FANFRELUCHE. Et vous écoutez les sots...

GROS MINET. Les sceaux de l'État.

FANFRELUCHE. Oh ! tenez, votre sang-froid m'irrite, il augmente ma haine, et si je la tenais...

SCÈNE IV.

LES MÊMES, FLORINE

FLORINE, *paraissant à la fenêtre du moulin.* Que lui feriez-vous, ma cousine ?

FANFRELUCHE. Ah ! c'est elle, enfin !

FLORINE. Etes-vous donc si méchante que le bonheur d'une parente vous afflige ?..

FANFRELUCHE. Oh ! la vengeance !

FLORINE. Que voulez-vous faire, ma cousine ?

FANFRELUCHE. Appeler mes gardes et faire incendier ce moulin.

FLORINE. Oh ! vous ne serez pas si cruelle.

FANFRELUCHE. C'est ce que tu vas voir...

GROS MINET. Ma fille... ma petite Fanfreluche...

FANFRELUCHE. Papa, vous m'ennuyez !...

GROS MINET. Mais tu veux donc une guerre horrible !

FANFRELUCHE. Est-ce que vous avez peur ?.... Mais vous n'avez donc jamais été à l'armée ?

GROS MINET. Alarmé !... Mais, au contraire, c'est parce que je suis très alarmé que j'ai peur...

FANFRELUCHE. Allons, c'en est assez !.. (*Appelant.*) Gardes !..

GROS MINET. Oui, c'en est assez.... Gardes.... rentrons chez nous...

FANFRELUCHE. Du tout, commencez l'attaque.

GROS MINET. Eh bien ! vous le voulez ! Tu le veux, Fanfreluche ? Gardes, en avant !

FLORINE. Arrêtez. Vous persistez encore, vous refusez la paix. Eh bien ! voyez, je suis bonne parente, ma cousine, vous m'apportez la guerre, et moi, c'est une fête que je vous donne, que tout le monde ici soit heureux. (*Elle casse un œuf.*)

TOUS. Une fête.

FIN DU HUITIÈME TABLEAU.

NEUVIÈME TABLEAU.

Tous les moulins se transforment en gondoles. Un lac sort de terre, tous les personnages voguent sur les eaux de ce lac improvisé.

CHOEUR.

AIR d'Oberon.

Emportez-nous, vers de loin
Barques, voguez en dépit des jaloux,

Bravez en paix les écueils, les orages.
Vers le bonheur, barques, emportez-nous.

FIN DU PREMIER ACTE.

ACTE DEUXIÈME.

DIXIÈME TABLEAU.

Un boudoir

SCENE PREMIERE.

BABYLAS, *seul, tenant un bouquet à la main.*
Ce billet parfumé de la princesse Fanfreluche...
une déclaration franche de port... Dieu! que ça
sent donc bon pour mon amour... à la tubéreuse...
elle me donne un rendez-vous à la tubéreuse...
et dans ce délicieux boudoir; décidément c'est
bien moi qu'elle aime... Ici, l'on ne viendra pas
nous déranger... Oh! le charmant tête-à-tête!...
Tiens, un seul fauteuil... Ah! voilà un boudoir
bien peu meublé... mais je ne m'en plains pas...

Air de *Madame Favart.*

Grâce à l'ameublement, je pense,
Être plus sûr d'un bon accueil,
Rien ne rapproche la distance,
Comme de n'avoir qu'un fauteuil.
Pour moi quelle aimable surprise
Et que mon bonheur serait doux,
Si la princesse un' fois assise,
Daignait me dire : Asseyez-vous.

D'ailleurs au besoin je casserais un des œufs de
ma poule, et je pourrais lui offrir une chaise de
canne... (*Allant s'asseoir.*) Relisons ce délicieux
billet. (*Il se plonge dans le fauteuil et lit avec
ivresse.*)

SCENE II.

Les mêmes, POLYCARPE.

POLYCARPE, *lisant un billet.* Ah! par exemple,
voilà un singulier rendez-vous... (*Lisant.*) « Dans
un quart d'heure, venez me trouver dans la *crotte*
du parc... C'est qu'il n'y a pas à dire, il y a bien
(*Epelant.*) c, r, o, t, t... Ah! non, non, c'est
grotte qu'elle aura voulu mettre... elle aura oublié
de faire une queue à son g... elle n'a pas songé à
son g, voilà! Décidément, c'est moi qu'elle préfère. Ah! tant d'émotions... j'ai besoin de me remettre... un peu de repos... (*Cherchant autour
de lui.*) Tiens! un seul fauteuil, et il est pris...
Bah! quelque manant, sans doute. (*Cassant un
œuf.*) Pour que le fauteuil vienne m'offrir ses deux
bras! (*Le fauteuil se dérobe sous Babylas, qui se
trouve à terre et va rejoindre Polycarpe à l'ex-
trémité du théâtre. Polycarpe s'assied sans faire
attention à Babylas.*)
BABYLAS. Oh!... dites donc, Monsieur, vous
n'êtes pas gêné.
POLYCARPE. Ne vous dérangez pas.
BABYLAS. Polycarpe!
POLYCARPE. Babylas!

BABYLAS. C'est toi!
POLYCARPE. C'est toi!
BABYLAS. Pas de bêtises! rends-moi mon fau-
teuil...
POLYCARPE. Du tout... je suis fatigué.
BABYLAS. Mais tu me l'a pris d'une façon...
POLYCARPE. Prends-le comme tu voudras.
BABYLAS. Oui, eh bien... j'en prends la moitié...
(*Il casse un œuf, le fauteuil se dédouble et l'une
des moitiés va rejoindre Babylas.*)
POLYCARPE. Ça m'est égal, pourvu que je puisse
relire en silence ce délicieux madrigal.
BABYLAS. Pourvu que je puisse me rassasier de
ce tendre poulet.
(*Tous deux s'asseyent et se mettent à lire.*)

SCENE III.

Les mêmes, BARNABÉ.

BARNABÉ, *arrivant au fond, un papier à la
main.* Elle me donne rendez-vous dans le petit
kioske du jardin. Nous allons kiosker ensemble...
Décidément, c'est moi qu'elle adore. Ah! l'excès
de mon bonheur... mes jambes se dérobent sous
moi... et pas un siége... ah! si, là bas, ces deux
messieurs... ma foi tant pis... chacun son tour.
Un fauteuil, vite, un fauteuil! (*Il casse un œuf;
les deux parties du fauteuil vont se rejoindre au
fond après avoir jeté par terre Babylas et Polycarpe. Barnabé s'assied sans y prendre garde.*)
BABYLAS. Sapristi!
POLYCARPE. Saperlotte
BABYLAS. Quel est l'insolent?
POLYCARPE. Barnabé!...
BARNABÉ, *assis.* Tiens, c'est vous!

BABYLAS.

Air : *Nous nous marierons dimanche.*

Que fais-tu là-bas?
BARNABÉ.
Je lisais tout bas
Un billet d'amour...
BABYLAS ET POLYCARPE.
Moi d' même.
BARNABÉ.
Écrit de la main
D'un objet divin.
POLYCARPE ET BABYLAS.
D'un objet divin, moi d' même.
BARNABÉ.
J'ai le plus doux
Des rendez-vous.
POLYCARPE ET BABYLAS.
Moi d' même

BARNABÉ.
Où l'on m'attend
Dans un instant.
POLYCARPE ET BABYLAS.
Moi d' même.
BARNABÉ, *montrant sa lettre.*
La princesse ici
M'aime !
POLYCARPE, *montrant la sienne.*
Ell' m'aime aussi.
BABYLAS, *montrant son billet.*
Ell' nous aim' tous les trois d' même

BARNABÉ. Trois billets de la princesse !

POLYCARPE. Trois rendez-vous !

BABYLAS. Je vois ce que c'est; nous avons abusé de nos talismans.

BARNABÉ. C'est vrai, nos moyens ne sont pas délicats.

POLYCARPE. Casser des œufs pour se faire aimer !..

BABYLAS. Nous faisons l'amour comme on fait une omelette...

POLYCARPE. C'est bien cuisinier !

BARNABÉ. C'est plat ! c'est très-plat !

POLYCARPE. Eh bien... convenons qu'à l'avenir nous n'employerons plus pour nous faire aimer que nos seuls avantages physiques.

BABYLAS, *avec fatuité.* Pour ma part, j'y consens volontiers, mais vous... vous, mes pauvres amis, croyez-vous que ces moyens-là vous suffisent?...

BARNABÉ et POLYCARPE. Pourquoi pas?

BABYLAS. Pourquoi?... ils demandent pourquoi, les malheureux !... mais regardez-vous et contemplez-moi... contemplez-moi et regardez-vous.

BARNABÉ. Eh bien, après?

BABYLAS. Après?... allons soit, luttons!... je suis prêt. Chacun de nous se rendra au rendez-vous indiqué, et celui que la princesse aura distingué deviendra son mari.

BARNABÉ et POLYCARPE. Adopté !

BABYLAS. Mais entendons-nous, nous ne combattrons que par des moyens naturels.

POLYCARPE. C'est convenu.

BABYLAS. Eh ! bien donc, pour commencer, puisqu'elle m'a donné rendez-vous dans ce boudoir, je ne vous retiens plus, adieu.

POLYCARPE. Du tout, du tout... tu aurais trop d'avantages à lui parler le premier. Elle doit venir me trouver dans la petite grotte du parc, et pour rapprocher la distance, ici la grotte...

FIN DU DIXIÈME TABLEAU.

ONZIÈME TABLEAU.

Le théâtre change et représente une grotte.

(*Il casse un œuf; le boudoir devient une petite grotte.*) Je ne vous retiens plus... adieu.

BARNABÉ. Du tout, du tout... Toi tu aurais encore davantage d'avantages... C'est dans le kiosque du jardin qu'elle doit m'attendre... et pour la devancer, ici le kiosque du jardin...

FIN DU ONZIÈME TABLEAU.

DOUZIÈME TABLEAU.

Le théâtre change et représente un kiosque.

SCENE PREMIERE.

Vlan ! (*Il casse un œuf; la grotte se change en kiosque.*) Je ne vous retiens plus... adieu.

BABYLAS. Ah! c'est comme ça. (*Cassant un œuf.*) Ici mon boudoir! (*Le kiosque devient boudoir.*)

ENSEMBLE, *s'arrêtant tous les trois quand le décor a repris son premier aspect.*) Ah !

POLYCARPE. Il est impossible que ça continue comme ça.

BABYLAS. Nous fatiguons la nature, nous la fatiguons, cette pauvre vieille.

BARNABÉ. Sans compter que nous faisons une consommation absurde de talismans.

POLYCARPE. C'est juste...

BABYLAS. Nous nous ruinons inutilement.... Soyons donc raisonnables...

BARNABÉ et POLYCARPE. Oui, soyons raisonnables...

BABYLAS. Ne jetons plus nos coquilles...

POLYCARPE. Certainement, mes amis, et puisque nous sommes d'accord (*cassant un œuf*), ici la grotte. (*La grotte revient.*)

BARNABÉ, *même jeu.* Du tout... ici le kiosque. (*Changement.*)

BABYLAS, *même jeu.* Non pas... ici le boudoir... (*Changement.*)

BARNABÉ. Encore !

POLYCARPE. Ça va donc recommencer?

BABYLAS. Au fait, il n'y a pas de raison pour que ça finisse... voyons mes amis, chacun à son rendez-vous.

POLYCARPE. Au fait, elle m'attend peut-être à la grotte.

BARNABÉ. Elle m'attend peut-être dans le kiosque.

POLYCARPE. Au revoir Babylas.

BARNABÉ. Au revoir Babylas.

SCÈNE III.

BABYLAS, *seul*. Bravo!.. Comme ça, je suis parfaitement tranquille!.. j'aurai bien du malheur, si je me dispute tout seul!.. Et plus souvent aussi que je me fierai à mes seuls avantages physiques pour charmer Fanfreluche! Certainement je suis beau... mais mes frères le sont aussi, je n'ai pas un seul frère de *laid*, et, tout bien considéré... puisque j'ai des talismans... c'est pour être heureux, et je le serai... (*Comptant ses œufs sur la table.*) Un, deux, trois, quatre, cinq et six... Ah! c'est bien peu... si je retournais à ma corbeille... non, j'en ferai assez... Mais la princesse tarde bien... ah! de ce côté, un délicieux cabinet de toilette; allons nous faire très joli... Méfie-toi Fanfreluche, je vais être un vrai Cupidon. (*Il sort.*)

SCÈNE IV

GROS MINET, FANFRELUCHE, BABYLAS,

LA PRINCESSE. Reposons-nous un instant.

GROS MINET. Je ne demande pas mieux.

LA PRINCESSE. N'avoir pu découvrir cette rivale que je déteste.

LE ROI. Eh bien! tu as tort... cette jeune fille est charmante, et moi-même... je sens qu'auprès d'elle... (*Riant.*) hé, hé...

LA PRINCESSE. Ah! ça fait pitié.

E ROI. Pitié parce que j'ai un cœur.

LA PRINCESSE. Un cœur, belle affaire... si comme moi, vous en aviez trois.

LE ROI. Comment, vraiment, tu crois toujours avoir...

LA PRINCESSE. Et ce qu'il y a de plus affreux, c'est que mes trois cœurs battent pour trois princes, et ce ce qu'il y a de plus révoltant, c'est que depuis que j'ai trois cœurs... j'ai trois estomacs.

LE ROI. Trois estomacs, un de plus que le crocodile.

LA PRINCESSE. Et depuis que j'ai trois cœurs et trois estomacs, j'aime et je mange comme quatre.

LE ROI. As-tu déjeuné, Fanfreluche?

LA PRINCESSE. Oui, oui, oui.

LE ROI. Et de quoi?

LA PRINCESSE. De veau, de lapereau, de perdreaux, d'aloyau et de fricandeau.

LE ROI. Ce n'est pas trop.

LA PRINCESSE. Je mangerais bien un morceau.

LE ROI. Mange, ma fille, mange tout ce que tu voudras.

LA PRINCESSE, *prenant la main du roi*. Oh! oui; j'éprouve le besoin de mordre...

LE ROI, *retirant sa main*. Mange tout ce que tu voudras, excepté ton père.

LA PRINCESSE. Mais je n'ai rien sous la main.

LE ROI. Tu as sous la main ma main.

LA PRINCESSE, *apercevant les œufs de Babylas*. Ah! des œufs.

LE ROI. Et des œufs d'or.

LA PRINCESSE. Si je me faisais une petite omelette... justement ce plat... oh! quel bonheur. (*Cassant les œufs.*)

AIR : *Pan, pan, est-ce ma brune.* (Béranger.)

> Pan, pan, rien ne m'arrête
> Pan, pan, il faut casser;
> Pan, pan, mon omelette,
> Pan, pan, va commencer.
> Nulle avant moi sans doute encor
> N'eut une omelette princière,
> Et je vais goûter la première
> De cette omelette aux œufs d'or.

BABYLAS, *se montrant*. La princesse!

LA PRINCESSE, *cassant le cinquième œuf*. Pan! pan!

BABYLAS. Que fait-elle?

LA PRINCESSE. Rien ne m'arrête.

BABYLAS, *se précipitant*. Mais si, mais si, c'est moi qui vous arrête.

LE ROI. Porter la main sur mon sang.

BABYLAS. Imprudente, que faites-vous vous là?

LA PRINCESSE. Une omelette.

BABYLAS. Une omelette avec mes talismans.

LE ROI et LA PRINCESSE. Ses talismans.

BABYLAS.

AIR de *Calpigi*.

> Oh! malheureuse que vous êtes,
> Mais pour faire des omelettes
> On prend des œufs à trois d' six blancs,
> A c' prix on en a d'excellents,
> Trois d'six blancs, les roug's et les blancs,
> Mais des œufs d'or, des œufs magiques.
> Des œufs merveilleux, fantastiques,
> Des œufs qui sont des talismans,
> On n'en trouv' pas à trois d' six blancs.

LE ROI. Eh! quoi, vous prétendez que ces œufs...

BABYLAS. Je les tiens d'une vieille sorcière de poule... heureusement j'en ai beaucoup d'autres... j'en ai plein une grande corbeille.

LA PRINCESSE. Oh! alors, donnez m'en quelques uns .. un quarteron.

BABYLAS. Non pas, non pas... vous n'êtes déjà que trop puissante...

LA PRINCESSE. Eh bien! un demi-quarteron.

BABYLAS. Pas un seul...

LA PRINCESSE. Eh bien! si, un seul, rien qu'un seul, et je vous embrasserai, je vous cajolerai... je vous chatouillerai.

LA POULE AUX ŒUFS D'OR.

LE ROI. Ma fille, vous allez trop loin.

BABYLAS, Cette considération me détermine. (*Lui donnant l'œuf.*) Je vous en donne un.

LA PRINCESSE. Et quelle est la manière de s'en servir ?

BABYLAS. Voilà : vous formez un souhait.

LA PRINCESSE. Bon.

BABYLAS. Vous levez le bras.

LA PRINCESSE. Bien.

BABYLAS. Et vous brisez l'œuf, en disant : pour que mon souhait se réalise.

LA PRINCESSE. Eh bien ! je veux avoir tous vos œufs d'or, et je brise celui-ci, pour que tous les autres m'appartiennent (*Elle brise l'œuf. A l'instant, on voit entrer une foule d'œufs qui dansent et suivent la princesse.*)

BABYLAS. Ah ! que c'est traître.

CHŒUR.

AIR : *A la monaco.*

Quel pas
Plein d'appas,
Quelle réjouissance,
Tous les pas sont neufs

A la danse
Des œufs.

BABYLAS,

Cornes de bœuf !

LE ROI, *comptant.*

Quatre, cinq, six, sept, huit, neuf,
Dix-neuf, vingt-neuf,
Que d'œufs dorés à neuf.

BABYLAS,

Voilà du neuf,
De chaque œuf
Je suis veuf.

LA PRINCESSE, }

J'ai cassé l'œuf
(*A Babylas.*)
Et vous êtes le bœuf !

REPRISE

Quel pas, etc.

(*Ils sortent tous en courant après les œufs.*)

FIN DU DOUZIÈME TABLEAU.

TREIZIÈME TABLEAU.

L'île des demoiselles. — Un jardin magnifique.

SCENE PREMIERE.

DARDARINETTE, BRILLANTINE, AGILE, SCINTILLANTE, SERPENTINE, VOLANTE, GRACIEUSE, ARC-EN-CIEL, BOUTON-D'OR, PICAUVIF.

CHŒUR.

Air *des deux Mules du basque* (Paul Henrion.)

Filles du ciel et des zéphirs
Volons, au gré de nos désirs,
Où nous conduisent nos soupirs,
Où nous appelent nos plaisirs.
Voltigeons
Et passons
De plaisirs en plaisirs
Au gré de nos désirs,
Nous effleurons, du bout de notre aile,
Les prés ornés de vives couleurs ;
Jamais le poids d'une demoiselle
Ne fait plier la tige des fleurs.

DARDARINETTE. Ah ! Mesdemoiselles, quel temps superbe !

BRILLANTINE. Un vrai temps de demoiselles... mais le soleil va bientôt se coucher, rappelonsnous que la lune est un astre qui nous est contraire.

SERPENTINE. C'est vrai, sur la terre il y a bien des demoiselles prises au clair de la lune...

VOLANTE. Ces maudits hommes, nous avons beau voltiger sans cesse...

GRACIEUSE. Ils nous poursuivent toujours...

ARC-EN-CIEL. Et ils nous attrapent souvent.

BOUTON-D'OR. On pourrait leur rendre la pareille.

ARC-EN-CIEL. S'ils en valaient la peine.

BOUTON-D'OR. Aussi, nous sommes trop curieuses ; pourquoi papillonner sans cesse autour d'eux.

SCINTILLANTE. Et pourtant il faut convenir que c'est bien amusant, les hommes.

VOLANTE. Tu trouves ?

AGILE. Il y en a de très gentils !

SERPENTINE. A mon dernier voyage, j'ai vu bien des choses...

VOLANTE. Et moi, donc.

GRACIEUSE. Et moi.

TOUTES. Et moi.

DARDARINETTE.

Air nouveau de Paul Henrion.
J'ai vu dans les montagnes
Des tendrons s'égarer. {
J'ai vu dans les campagnes
Des amants soupirer.
Combien j'ai vu de belles
Loin de maris jaloux.
Qui sans avoir nos ailes
Voltigeaient plus que nous.
Gentilles demoiselles
A l'ombre des lilas,
Que ne voyons-nous pas (*bis*)

DEUXIÈME COUPLET.

Un soir dans un bocage
Je vins me reposer.

Soudain, sous le feuillage
J'entendis un baiser ;
Tremblante sur ma branche,
Craignant pour ma vertu,
J'écoute, je me penche,
Et je vois.

TOUTES.

Que vois-tu?

DARDARINETTE.

Gentilles demoiselles
A l'ombre des lilas,
Que ne voyons-nous pas ? (*bis*)

TOUTES.

Gentilles demoiselles, etc.

SCÈNE II.

LES MÊMES, BABYLAS, COCORICO BABOLEIN.

BABYLAS. Que vois-je?

COCORICO. Des demoiselles.

BABOLEIN. Des sujettes à Babylas.

BABYLAS. Comme elles sont jolies.

SERPENTINE. Ah! Mesdemoiselles, des hommes !..

TOUTES. Des hommes.

BABYLAS. Comment, Mesdemoiselles... vous êtes des demoiselles?..

TOUTES. Mais sans doute.

BABYLAS. De vraies demoiselles?..

DARDARINETTE. Qu'y a-t-il donc là de si surprenant?

BABYLAS. Oh ! innocence ! elle le demande... Permettez... c'est que, sur terre, nous avons beaucoup de demoiselles qui... que... qui ne le sont pas tout à fait.

DARDARINETTE. Ah ! bah ! comment donc ça se fait-il ?

BABYLAS. Comment ça se fait?.. Je vous demanderai la permission de ne pas répondre à ceci... en public... (*Regardant les demoiselles.*) Mais qu'elles sont gentilles, qu'elles sont donc grâcieuses !.. si je pouvais en attraper quelques-unes.

BRILLANTINE. Oh ! nous sommes des demoiselles qui ne se laissent pas attraper.

BABYLAS. C'est dommage, j'en aurais voulu quelques-unes pour ma collection.

TOUTES. Téméraire !

BABYLAS. Un instant, un instant, crédienne! reconnaissez Babylas, l'empereur des animaux.

TOUTES. Notre empereur !

BABYLAS. Oui, votre empereur auquel vous devez respect et soumission... venez toutes baiser c'maître...

TOUTES, *se pressant autour de Babylas.* Ah ! s'il en est ainsi...

BABOLEIN. Est-il heureux, ce gaillard-là?

BABYLAS. Un instant, que diable !.. vous m'étouffez, prenez vos numéros.

Air : *Grand merci, Mesdemoiselles.* (Barbe-Bleue, Gaité.)

On me caresse, on me fête,
On m'embrasse à tout propos,
Ce n'est déjà pas si bête
Qu' d'être emp'reur des animaux.
Pourtant, dites-moi, mes belles,
Ce que vous ferez pour moi;
Serez-vous toujours fidèles
A votre petit roi?

TOUTES.

Je t'aimerai,
Te choîrai,
Je te dorlotterai,
Je te câlinerai,
Je te cajolerai,
Je te régalerai,
Je te lutinerai,
Je te bassinerai,
Et je te coucherai.

BABYLAS. Merci, Mesdemoiselles.

DARDARINETTE. Maintenant, mes sœurs, donnons une fête à notre empereur ?

BALLET.

BABOLEIN. Ah ! c'est charmant, c'est ravissant: (*Cassant un œuf*) pour que nous soyons tous d'une gaieté folle : (*Tout le monde pleure.*)

COCORICO, *pleurant.* Cette vieille poule t'a donné des talismans qui te traitent comme une oie. (*On entend un grand bruit.*)

TOUS. Quel est ce bruit?

COCORICO. Oh ! mon Dieu, les deux princesses et leurs deux armées; la bataille va recommencer.

TOUS. Florine !

SCENE Iᵉ

LES MÊMES, FLORINE ET SOLDATS.

FLORINE, *entrant.* Moi-même, qui suis forcée de me défendre contre ma cousine.

BABYLAS. En effet, hier, elle formait les projets les plus sinistres, à faire dresser les cheveux sur la tête de Cocorico.

TOUS. Explique-toi.

BABYLAS. Voilà... la princesse Fanfreluche, après s'être emparée de mes œufs par un subterfuge que je qualifie de mesquin, vient de rassembler tous ses sujets; un tas de mauvais sujets.

COCORICO. A quel sujet ?

BABYLAS. Au sujet de sa cousine dont elle a juré de se venger d'une manière fâcheuse. . Je ne sais pas trop ce qu'elle a l'intention de lui faire, mais elle a ramassé une foule de petites branches de bouleau très-mince, dont elle a fait un paquet... j'ignore dans quel but.

COCORICO. Oh! je le devine... elle a une... arrière-pensée !..

Air de la *Petite poste de Paris.*

Elle manda
Et commanda
Qu'on vous gardât,
Qu'on vous bridât,
Qu'on vous lardât
Vous obsédât,
Vous poignardât,
Vous lapidât,
Vous bombardât,
C'est le mandat
De tout soldat
Qu'elle solda.

PLUSIEURS VOIX. La princesse! la princesse!

FLORINE. Gardes... à moi!

COCORICO, *aux soldats.* Gardes... à elle... et nous, garde à nous! (*Tout un régiment se range devant le trône.*)

SCENE V.

LES MÊMES, LE ROI, LA PRINCESSE, SOLDATS DE LA PRINCESSE.

(*La princesse s'avance à la tête de ses soldats et vient se ranger à la droite de l'acteur. Florine est sur le trône, séparée de la princesse, par ses soldats rangés sur une ligne.*)

LA PRINCESSE. Téméraire, qui n'as pas craint d'usurper ce trône, hâte-toi d'en descendre si tu ne veux pas que je t'en arrache!

FLORINE. Ce trône est à moi, et voici la barrière qui t'en sépare.

FANFRELUCHE. Je saurai la franchir.

COCORICO. Elle va franchir la barrière du trône!

BABYLAS. C'est fort!...

LE ROI. C'est bien haut, ma fille, et la pudeur..

FLORINE. Gardes, tombez sur elle.

LA PRINCESSE, *cassant un œuf.* Téméraires, oser s'attaquer à moi, la princesse Fanfreluche! Tombez comme des capucins de cartes.

(*Tous les soldats de Florine, qui ont fait un pas vers la princesse, tombent les uns sur les autres.*)

LE ROI. Bravo! ma fille.

LA PRINCESSE. Je triomphe!

FLORINE. Pas encore...

LA PRINCESSE. Soldats, saisissez-la.

(*Tous les soldats de la princesse viennent se ranger sur une ligne à l'avant-scène.*)

FLORINE, *cassant un œuf.* A terre! soldats!

(*Tous les soldats de la princesse tombent aussi, mais en sens inverse.*)

LA PRINCESSE. O rage!

FLORINE, *descendant en scène.* Tu le vois, mon pouvoir est égal au tien.

LA PRINCESSE. Renverser mes soldats!...

LE ROI. Le fait est que maintenant c'est une armée de terre.

COCORICO. Une armée de terre à terre.

LA PRINCESSE. Eh bien! si notre pouvoir est égal. (*Cassant un œuf.*) Pour qu'elle perde son royal manteau.

(*Le manteau de Florine disparaît.*)

FLORINE, *même jeu.* Pour son manteau royal.

GROS MINET. Mais arrêtez donc.

LA PRINCESSE, *même jeu.* Pour sa robe.

FLORINE, *même jeu.* Pour sa robe.

GROS MINET. Mais arrêtez donc, malheureuses..

(*Elles se regardent, s'aperçoivent qu'elles sont en jupon et en corsage, jettent un cri et se sauvent; mais le roi se trouve sur le passage de Florine et l'arrête un instant.*)

LE ROI. Oh! (*Florine casse un dernier œuf; il se trouve en chemise et en caleçon; il jette un cri et se sauve à son tour.*)

COCORICO. Oh! prodige, nous avons vu un roi sans culottes.

SCÈNE VI.

BABYLAS, BABOLEIN, COCORICO, LES SOLDATS.

BABOLEIN. Bigre! comme elles y allaient, les petites gaillardes!

BABYLAS. C'est égal, ils sont bien cocasses, ces soldats.

(*Tous les soldats se rangent en rond.*)

COCORICO. Ah! les voilà qui se rangent en demi-lune.

BABYLAS. Si je soufflais dessus?... Ça va, soufflons dessus.

(*Il souffle sur le dernier soldat qui tombe et fait tomber les autres. Babolein, qui se trouvait à l'avant-scène et qui ne faisait pas attention, se trouve surpris par le premier soldat, qui tombe sur lui et le fait tomber la face contre terre.*)

BABOLEIN. Aïe!... au secours! j'étouffe! à la garde!...

COCORICO. Il appelle la garde et il en a plein le dos...

BABOLEIN. Est-ce que ça ne va pas finir, à la fin des fins?

BABYLAS. Si fait, et je me charge de vous débarrasser de ces soldats. (*Cassant un œuf.*) Attention, debout... par file à droite, droite, gauche... en avant. marche.

(*Babylas marche en tête des soldats, qui sortent avec lui sur l'air:* Père capucin, etc.

BABOLEIN. Et nous, pour me remettre de mes fatigues, allons-nous-en bien tranquillement, bien doucement à la maison. (*Cassant un œuf.*) Vite, deux chaises à porteurs...

(*Quatre porteurs entrent, portant les deux chaises.*)

COCORICO. A la bonne heure, cette fois tu es obéi.

BABOLEIN. Allons, que chacun entre dans la sienne.

COCORICO. Partons, mais surtout pas de cahots.

BABOLEIN. Attendez, mes enfants, que je casse encore un œuf, pour que le voyage soit agréable. Je veux aller doucement, bien doucement, bien doucement.

(A peine a-t-il dit ces mots que les deux chaises à porteurs se transforment en deux grands mortiers , en même temps que les porteurs se changent en canonniers. Ils mettent le feu aux deux pièces, qui lancent en l'air Babolein et

FIN DU TREIZIÈME TABLEAU.

QUATORZIÈME TABLEAU.

La treille du roi. — Au fond est un berceau.

SCÈNE PREMIERE.

FANFRELUCHE, LE ROI.

FANFRELUCHE, *soupirant*. Hélas, hélas, hélas!

LE ROI. Qu'as-tu, mon enfant trop chéri?

FANFRELUCHE. Ce que j'ai, vous le savez bien. Mon cœur est comme une toute petite chambre de garçon , dans laquelle on aurait fourré trois locataires !

LE ROI. Eh bien ! il faut donner deux congés ; voyons, ma fille, interroge, sonde ton cœur, sonde-le ferme ! Il est impossible que tu n'aies pas une préférence.

FANFRELUCHE. J'ai beau sonder , je les préfère tous les trois.

LE ROI. On peut être la femme d'un homme, mais on ne peut pas l'être, suivant la règle, de trois !

FANFRELUCHE. C'est vrai !.. c'est une multiplication de passion !

LE ROI. Écoute, Fanfreluche, tes trois amoureux vont venir, jette ton dévolu sur l'un d'eux , et je me charge des deux autres !.. Justement j'aperçois le seigneur Polycarpe.

FANFRELUCHE. Lui!... Ah! je me sens toute émue !

SCÈNE II.

LES MÊMES, POLYCARPE, *puis* BARNABÉ, *puis* BABYLAS.

POLYCARPE. Princesse , on m'a dit que je vous trouverais ici, que vous étiez dans les vignes du seigneur... votre père, et j'accours...

FANFRELUCHE. Papa!.. c'est celui-là !

LE ROI. Ça l'est !.. tu en es bien sûre !..

FANFRELUCHE. Oui, ça l'est... sûr !.. *(Mettant la main du roi sur son cœur.)* Tâtez plutôt.

LE ROI. Mazette !.. quel tic-tac !

POLYCARPE. Chère princesse, n'avez-vous rien à me dire?..

BARNABÉ. Où est-elle? où est-elle?

FANFRELUCHE. Oh !

LE ROI. Qu'est-ce qu'il y a?

FANFRELUCHE. Mon père, c'est celui-ci...

LE ROI. Comment !.. tu disais tout à l'heure....

FANFRELUCHE. Tatez... tâtez... tâtez plutôt.

LE ROI. C'est vrai, ça bat plus fort.

BABYLAS, *accourant*. La princesse... On ma dit que la princesse...

FANFRELUCHE. Oh !

LE ROI. Quoi?

FANFRELUCHE. Mon père, c'est celui-là.

LE ROI. Ah !.. encore !

FANFRELUCHE. Tâtez toujours.

LE ROI. Je ne tâte plus... princesse, allez vous promener.

FANFRELUCHE. Eh bien ! je m'en tiens à celui-ci.

POLYCARPE *et* BARNABÉ. Qu'entends-je?

BABYLAS. Elle s'en tient !.. Oh ! c'est qu'elle en tient, puisqu'elle s'en tient.

LE ROI. Alors, tu ne dois plus tenir aux deux autres ?

FANFRELUCHE. Pourquoi?

LE ROI. C'est que pour n'y plus revenir, je vais immédiatement leur faire couper la tête.

POLYCARPE *et* BARNABÉ. Eh! là bas !

FANFRELUCHE, *courant à Polycarpe*. Couper une si jolie tête !.. Ah ! je ne pourrais plus vivre sans la voir.

POLYCARPE. C'est-à-dire que c'est moi qui ai besoin de l'avoir pour vivre.

LE ROI, *à sa fille*. Écoute, mon fruit, je ne voudrais pas te dire des choses désagréables, mais ta conduite est celle d'une rien du tout ; voilà mon opinion.

FANFRELUCHE. Attendez, mon père, j'ai une idée !.. Nobles soupirants... je vais soumettre votre amour à une épreuve. On assure que vous avez chacun un pouvoir surnaturel ; eh bien ! usez-en...

BARNABÉ. J'ai bien fait de faire une dernière rafle au poulailler.

FANFRELUCHE. Dans un quart-d'heure, je viendrai m'asseoir sous cette treille... Celui des trois qui aura trouvé le moyen d'éloigner ses deux rivaux et qui m'attendra seul à l'ombre de ce berceau, sera mon époux.

LE ROI, Bravo !
LES TROIS FRÈRES. Très bien !

FANFRELUCHE.

Air nouveau de P. Henrion.

A mon époux
Je donne rendez-vous,
Ici le plus tendre
Doit m'attendre.
Je veux accorder et mon cœur et ma foi
A qui sera seul sous la treille du roi.

BARNABÉ, *à part.*
Vite, je veux
Aller chercher mes œufs.

POLYCARPE, *à part.*
Ciel ! il en est temps.
Courons chercher mes talismans.

BABYLAS, *à part.*
Moi j'ai les miens,
Pour le coup je la tiens,
A moi le succès,
Je triompherai sous ces ceps.

ENSEMBLE.

A ton
votre époux.

Tu donnes
Vous donnez rendez-vous,
Ici le plus tendre
Doit attendre.
Elle donnera son cœur et sa foi
A qui sera seul sous la treille du roi.

(*Fanfreluche et le roi sortent d'un côté, Policarpe
et Barnabé de l'autre.*)

SCENE III.

BABYLAS, *seul.*

Comment ! mes frères s'éloignent et me laissent
maître de la place... tant mieux, moi j'attends au
poste... Oh ! cher berceau ! treille attrayante !
douce et tendre princesse !

AIR de la *Favorite.*

Ah ! reviens, je t'attends,
Reviens gentille dame, (*bis*)
Viens porter dans mes sens
Le feu qui les enflamme.
Oh ! mon Dieu ! (*bis*)
Ah ! ah ! quand je suis loin de toi
Je languis, je faiblis, je trébuche...
Uch... uch... uche.
Ah ! sans toi, ma Fanfreluche,
Pas de bonheur pour toi... oi !..
Moi, c'est toi ? toi c'est moi.

Mais, le quart d'heure doit s'avancer ; prenons
place. (*Il entre dans le bosquet.*) Et pour que personne ne puisse me déranger, je veux qu'on me
laisse seul sous ce berceau.

SCENE IV.

BABYLAS, BARNABÉ, *ensuite* POLYCARPE.

BARNABÉ, *accourant.* Ouf! je suis tout en nage...
mais l'amour me séchera... (*S'approchant de la
treille.*) Attention, voici bien le local, prenons
nos précautions. (*Il casse un œuf.*) Pour que ce
berceau soit occupé par moi seul.

FIN DU QUATORZIÈME TABLEAU.

QUINZIÈME TABLEAU.

La treille sous laquelle Babylas est assis, monte avec lui d'un étage ; une autre toute semblable
sort de terre.

SCENE PREMIERE.

BARNABÉ. Maintenant, vienne la princesse, je
suis prêt. (*Il entre sous la treille.*)

BABYLAS. En ne bougeant pas d'ici je suis sûr
de mon affaire.

POLYCARPE, *accourant.* Ouf! m'y voici... pourvu
qu'il soit temps encore... (*S'approchant de la
treille.*) Vite, arrangeons-nous pour n'être pas
dérangé, pour que je reste seul sous la treille. (*Il
casse un œuf; la treille sous laquelle se trouve
Barnabé monte à son tour d'un étage, en même
temps qu'une troisième treille, en tout semblable
aux deux premières, sort du dessous.—La treille
de Babylas a monté de deux étages.*) Maintenant,
bien fin sera celui qui prendra ma place.

BARNABÉ. Est-ce que la princesse ne va pas
venir?

BABYLAS. Je commence à m'impatienter.

SCÈNE II.

LES MÊMES, FANFRELUCHE.

FANFRELUCHE. Ah ! le cœur me bat... que dis-je,
le cœur?.. les cœurs me battent...

POLYCARPE. Que vois-je !.. c'est elle !..

FANFRELUCHE, *entrant sous la treille et s'as-
seyant.* Monsieur Polycarpe ! c'est donc vous !...
tant mieux, car c'est vous que je préfère... quand
vous êtes tout seul.

POLYCARPE. Aveu délicat !

BARNABÉ. Ah ! ma foi tant pis... je n'y résiste
plus...

BABYLAS. Cristi ! je m'impatiente !

POLYCARPE. Ainsi vous jurez de n'être jamais
qu'à moi... de ne me quitter jamais.

FANFRELUCHE. Jamais !

POLYCARPE. Oh ! bonheur ! (*Il tombe à genoux.*)

BARNABÉ, *qui, pendant ces quelques répliques, a tiré un œuf de sa poche.* Pour que la princesse vienne me trouver à l'instant. (*Il brise l'œuf, la princesse quitte le premier berceau et monte au au deuxième.*)

POLYCARPE. Eh bien ! où est-elle donc...

FANFRELUCHE. Oui, mon joli Polycarpe... je jure... je... Qu'est-ce que c'est que cela ? où suis-je ?...

BARNABÉ. Près de moi, qui me meurs d'amour pour vous.

FANFRELUCHE, *à Barnabé.* Barnabé !.. je croyais que c'était... n'importe... c'est vous qui avez éloigné vos rivaux... Ah ! tant mieux... c'est vous que je préfère quand vous êtes seul.

BARNABÉ. Je suis dans le deuxième ciel !..

POLYCARPE, *qui cherche partout.* Son éventail !.. Elle va revenir.

BABILAS. Ah ! je commence à trop croquer le marmot...

POLYCARPE. Attendons-la patiemment.

BARNABÉ. Ainsi vous jurez de m'aimer toujours...

FANFRELUCHE. Toujours !

BARNABÉ. De n'être qu'à moi... votre joli Barnabé...

BABYLAS, *cassant un œuf.* Allons, pour que la princesse arrive tout de suite.

(*Fanfreluche quitte le second berceau et se trouve à côté de Babylas.*

BARNABÉ, *cherchant Fanfreluche.* Eh bien, où est-elle donc ?

FANFRELUCHE, *près de Babylas.* Oui, à toi... toujours à toi, mon joli Barnab...

BABYLAS. Ah ! la voilà !..

FANFRELUCHE. Mon joli Barnab...

BABYLAS. Non... Babylas, que tu veux dire, ton joli Babylas.

FANFRELUCHE. Babylas !.. c'est étonnant, javais cru...

BABYLAS. Etes-vous fâchée de me voir seul ici ?

FANFRELUCHE. Oh ! non, car c'est vous que je préfère ; quand vous êtes seul.

BABYLAS. Aveu charmant !

FANFRELUCHE. Vous êtes bien supérieur à vos deux frères.

BABYLAS. Le fait est que je suis au dessus d'eux.

BARNABÉ. Que vois-je, son mouchoir !.. c'est qu'elle va revenir... elle sera allée quelque part... Mais ce gage ne saurait me suffire... (*Cassant un œuf*) Pour que la princesse revienne.

BABYLAS. Eh quoi ! plus rien que son bouquet.

FANFRELUCHE, *descendant au second.* Oui, cher Babylas, je vous trouve le plus joli et...

BARNABÉ. Babylas... comment Babylas... Barnabé donc... Barnabé...

FANFRELUCHE. Ah bah ! Barnabé, à présent...

POLYCARPE. Ah ! ma foi, c'est trop me faire attendre ... Pour que la princesse revienne ! (*Il casse*

un œuf, Fanfreluche reæscena au rez-de-chaussée.*)

FANFRELUCHE. Enfin, n'importe, je vous disais, mon charmant Barnabé...

POLYCARPE. Comment, Barnabé... Polycarpe donc... Polycarpe.

FANFRELUCHE. Polycarpe ! ah ! ça, mais j'ai donc aussi trois paires d'yeux... Ah ! c'est fini, ma pauvre tête se perd... (*Elle sort de la treille.*)

POLYCARPE, *courant après elle.* Princesse, princesse !..

(*Les deux treilles descendent ; à mesure qu'elles arrivent au niveau du théâtre Barnabé et Babylas en sortent.*)

ENSEMBLE.

Air : *C'est toi, c'est toi.*
C'est moi, c'est moi, c'est moi
Qui viens de recevoir sa foi,
Et sur son cœur, je crois,
    Que de nous trois,
Seul j'ai des droits.

FANFRELUCHE.
Eh quoi ! serait-ce moi,
Qui trois fois ai donné ma foi,
Je ne sais, qui des trois
Sur mon cœur à les plus beaux droits.

BABYLAS.
J'ai ce bouquet, gage de sa tendresse.

BARNABÉ.
J'ai ce mouchoir, donné par la princesse.

POLYCARPE.
    J'ai l'éventail...

FANFRELUCHE.
A chacun, je laisse en détail
    Un gage ! Eh quoi !
J'aurais donné trois fois ma foi.

REPRISE DE L'ENSEMBLE.

(*Fanfreluche, sort poursuivie par les trois frères. Babylas retient Polycarpe et Barnabé.*

SCENE III.
LES MÊMES, *moins* FANFRELUCHE.

BABYLAS. Arrêtez, j'ai un moyen de nous mettre d'accord, je sacrifie un œuf pour ça... j'espère que c'est bien à moi.

BARNABÉ, POLYCARPE. Le moyen, le moyen ?

BABYLAS. Le voici : approchez, mes bons petits frères : écoute-moi, ô destin, mon ami ; je casse cet œuf pour que la concorde se rétablisse parmi nous ; et afin que toute querelle soit impossible ; je te prie, ô destin, mon ami, de prendre mes deux chers petits frères, et de les emporter au diable pendant deux petites heures.

BARNABÉ. Ah !..

POLYCARPE. Oh !.

(*Ils disparaissent dans le dessous.*)

BABYLAS. Bonsoir. (*Il sort.*)

FIN DU QUINZIÈME TABLEAU

SEIZIÈME TABLEAU.

Un boudoir de Madame Satan au xviiie siècle. — Un salon infernal chez Madame Lucifer. Mélange de meubles et tentures diaboliques, et d'ornements dans le style Louis XV.

SCÈNE PREMIÈRE.

SATANAS, PAGES, *puis* POLYCARPE
et BARNABÉ

CHŒUR.

Air : *Robert le Diable.*
Qu'on apprête
Cette fête,
Que donne à l'Enfer,
La divine
Proserpine
Femme de Lucifer.

COCORICO, *entrant.* Comment, Messieurs, tout ce que vous venez de m'apprendre est bien vrai ? je suis en enfer !

SATANAS. Et de plus dans le boudoir de M dame Satan.

COCORICO. De Madame Satan, quand on ne s'attend pas...

SATANAS. Qui a grande réception aujourd'hui et ce soir...

COCORICO. Ce soir...

SATANAS. Il y a grand bacchanal chez Monsieur son époux.

COCORICO. Ah ! il y a bacchanal ?

SATANAS. On compte vingt mille invités.

COCORICO. Alors, ils seront vingt mille qui feront le diable à quatre.

POLYCARPE, *entrant.* Pardon, Messieurs, l'enfer, s'il vous plaît ?

COCORICO. Que vois-je ?

BARNABÉ. Est-il possible !...

COCORICO. Vous ici !...

POLYCARPE. Mais vous-même ?..

COCORICO. J'étais parti de là-bas avec ce pauvre Babolein ; mais je crois qu'il s'est égaré en route, je l'ai laissé au second nuage.

POLYCARPE. Ah ! ça, où sommes-nous donc ici ?

COCORICO. Dans l'enfer.

POLYCARPE. L'enfer ! ce joli salon Louis XV ?

COCORICO. C'est l'appartement de Madame.

BARNABÉ. Le fait est qu'il y fait pas mal chaud.

COCORICO. Mais non, chaleur tempérée, à ce que dit Monsieur, vingt-huit mille neuf cent quatre-vingt-douze degrés.

SATANAS. Et demi.

POLYCARPE. Que ça !... Heureusement nous avons oublié nos œufs ; ils durciraient ici.

BARNABÉ. Mais comment êtes-vous venus en enfer ?

COCORICO. Comment ? en chaise à porteur, à ce que prétendait Babolein ; mais, en réalité, nous sommes venus en obusiers.

TOUS. En obusiers ?

COCORICO. Voilà un genre de locomotive qui rend des points aux chemins de fer. (*A Barnabé.*) Ah ! ça, vous faites donc partie des invités ?

POLYCARPE. Des invités ?... Je ne croyais pas qu'on allait en enfer sur invitation !

COCORICO. C'est que l'enfer est ce soir en goguette... Il y a bal et thé.... à ce que dit Monsieur (*Il montre Satanas.*)

POLYCARPE. Bal et thé ?

BARNABÉ. Oui, j'entends... bal... été comme hiver ?

COCORICO. Non ; bal et thé, c'est-à-dire que l'on dansera et qu'on prendra le thé... Bal et thé, bal au thé.

BARNABÉ. Oui, thé au bal.

POLYCARPE. Et ceux qui n'aiment pas le thé ?

COCORICO. Ceux-là prendront l'air.

POLYCARPE. Ah ! très-bien ! très-bien !

SATANAS. Chut !... voici Madame la reine.

BARNABÉ. Oh !... attention, alors.

SCÈNE II.

LES MÊMES, MADAME LUCIFER *et sa suite.*

(*Tous en costumes mi-diaboliques et mi-Louis XV.*)

MADAME LUCIFER. Que vois-je ?... des étrangers !..

COCORICO, POLYCARPE et BARNABÉ. Madame, nous avons bien l'honneur...

COCORICO. Mazette !... c'est une belle diablesse de femme ! coco...

MADAME LUCIFER. Pardon, Messieurs, comment êtes-vous arrivés jusqu'ici ?... Cerbère, mon concierge, n'était donc pas à sa loge ?

POLYCARPE. Nous ne l'avons pas vu.

COCORICO. Je l'ai vu, moi, Cerbère ; en voilà un chien de portier ! Je lui demande : le cordon, s'il vous plaît ?... et pour toute réponse il me mord les mollets.

MADAME LUCIFER. Enfin, comment avez-vous pénétré dans mon empire !...

BARNABÉ. C'est un frère à nous que nous gênions sur la terre, et qui, pour deux heures seulement, nous a donnés au diable.

MADAME LUCIFER. Pour deux heures seulement ? c'est dommage. N'importe, vous arrivez à merveille pour prendre part à la petite fête que je donne.

POLYCARPE. C'est donc vrai ? une fête...

MADAME LUCIFER. A propos, les préparatifs sont-ils terminés ?

SATANAS. Les ordres de votre majesté ont été ponctuellement suivis.

cocorico. Ah! j'ai visité ces superbes préparatifs... (*Aux deux frères.*) Les divans ont été rem-
bourrés de baïonnettes et de fers de lances.

BARNABÉ, *qui s'est assis pendant ce temps, se
relevant vivement.* Aïe!... ah! saprelotte, mais
on prévient.

cocorico. Justement, vous voilà fort prévenu.

BARNABÉ. Il fallait me prévenir antérieurement.

cocorico. C'est juste, vous l'êtes postérieure-
ment.

MADAME LUCIFER, *à Polycarpe.* Asseyez-vous
donc, Monsieur.

POLYCARPE. Non, merci; je préfère rester debout.

MADAME LUCIFER. Et les petits salons de jeux,
sont-ils en ordre?

SATANAS. Oui, Majesté.

cocorico, *aux deux frères.* Dites donc, on a
étendu des tapis de tôle rougie; on servira des
rafraîchissements de plomb fondu, des glaces pa-
nachées au vitriol et des sorbets à l'arsenic.

BARNABÉ, *à Polycarpe.* Mon ami, je me priverai
des rafraîchissements.

POLYCARPE. Mais je vois que l'on s'amuse beaucoup ici!.. Comme on nous trompait sur terre,
en nous donnant l'enfer comme un lieu terrible,
épouvantable.

MADAME LUCIFER. Calomnie, pure calomnie,
Messieurs!

Air : *Quand on est mort, c'est pour longtemps.*

> Vive l'Enfer!
> Chez Lucifer,
> En cadence
> On saute, on chante, on danse;
> Car notre devise est : gaîté,
> Liberté
> Et confraternité.
> Lorsque l'accable
> Un sort cruel,
> Pas un mortel
> Qui ne se donne au diable.
> Aussi nous sommes
> Nombreux ici,
> Et de grands hommes
> Notre enfer est rempli.
> Dansant en rond,
> Vadé, Scarron,
> Collé, Piron,
> Chantent des gaudrioles,
> Des rondes folles
> Que nous aimons;
> Car leurs chansons
> Font rougir les démons.
> Plus loin,
> Se cachant avec soin
> Toujours éprise,
> La tendre Héloïse
> Par un baiser, par un regard,
> A l'écart

Ressuscite Abeilard.
> Quand sur la terre
> Un séducteur,
> Charme le cœur
> D'une femme légère.
> Dès qu'elle cède
> Damnation!
> Le mari plaide
> En séparation.
> Chez Lucifer
> On est moins fier;
> Car en enfer
> Les diables ont des cornes.
> Joyeux ou mornes,
> Coiffés ou nus,
> Les fronts cornus
> N'y sont pas reconnus.

TOUS

> Vive l'Enfer!
> Chez Lucifer, etc.

POLYCARPE. Diable! mais voilà qui est piquant,
et je ne serais pas fâché de voir toutes ces illus-
trations avant de partir.

MADAME LUCIFER. Vous serez satisfaits, car je
les ai invités pour ce soir... (*Bruit dans la coulisse.*) et tenez, à cette gaîté bruyante, je reconnais mes convives... Ne vous étonnez pas si vous
les trouvez un peu rajeunis; chaque damné qui
passe l'Achéron doit, avant de paraître à mes
yeux, se baigner à la fontaine de Jouvence.

SCÈNE III.

LES MÊMES, VADÉ, COLLÉ, PARNY, FAVARD,
ROQUELAURE, GENTIL-BERNARD, *ensuite*
VOLTAIRE, ROUSSEAU, BOILEAU, MO-
LIÈRE, *ensuite* MADAME DUBARRY, *ensuite*
PIRON, *ensuite* LA GUIMARD, MADAME DE
POMPADOUR *et* SOPHIE ARNOULD.

(*Tous ces personnages sont joués par des
femmes revêtues du costume du personnage.*

VADÉ, COLLÉ, PARNY, FAVARD, ROQUELAURE *et*
GENTIL-BERNARD, *arrivant bras dessus, bras dessous.*

ENSEMBLE.

Air : *Vive, vive la mèr' Cannus.*

> Vive, vive un joyeux enfer!
> Pour nos honnêtes
> Poètes.
> Car, on le sait, chez Lucifer,
> Le génie est chauffé l'hiver.

MADAME LUCIFER, *aux deux frères.*

> De ces Messieurs le ton gaillard
> Plut aux hommes,

POLYCARPE.

> Et tu les nommes!

MADAME LUCIFER, *les désignant.*

> Vadé, Collé, Fanny, Favard,
> Roquelaure et Gentil-Bernard.

LA POULE AUX OEUFS D'OR,

REPRISE.

Vive, vive un joyeux enfer, etc.

Sur la fin du chœur précédent on a vu entrer gravement Voltaire, Rousseau Boileau et Molière.)

COCORICO.

AIR du *Menuet d'Auauast.*

Mais où vont
Et quels sont
Ces trois hommes ?

MADAME LUCIFER.

Ce sont trois graves auteurs,
Trois sublimes penseurs.

POLYCARPE.

Il faut que tu me les nommes.

MADAME LUCIFER.

C'est Boileau,
C'est Rousseau
Et Voltaire ;
Et digne du premier rang
Voici venir le grand
Molière.

MADAME DUBARRY, *entrant.*

Air connu.

La belle Bourbonnaise,
La maîtresse de Blaise,
Elle est mal à son aise,
Elle est sur un grabat.

TOUS.

Ah ! ah! ah ! ah!

MADAME DUBARRY.

Ah ! de cette épigramme,
Je ris au fond de l'âme.

BARNABÉ.

Quelle est donc cette dame ?

MADAME LUCIFER.

Madame Dubarry.

TOUS.

Hi ! hi! hi ! hi! hi!
C'est une grande dame
Madame Dubarry.

BARNABÉ, *voyant entrer la Pompadour.*

AIR : *J'ons un curé patriote.*

Dieu ! quelle femme jolie!

POMPADOUR.

La Dubarry !

MADAME DUBARRY.

Pompadour !

(Elles s'embrassent.)

MADAME LUCIFER.

Chez Lucifer on oublie
Les rivalités de cour.

(Montrant deux dames qui paraissent.)

Voici venir Marion,
Et la charmante Ninon.
Ninon qui, de son temps,
Fit l'amour à soixante ans.

COCORICO.

Je s'rais content
D'en faire autant.

SOPHIE ARNOULD, *entrant.*

AIR : *Le petit mot pour rire.*

Moi, la belle Sophie Arnould,
Je n'ai jamais aimé beaucoup
L'amoureux qui soupire.
Mais un galant me captivait
Quand à tout propos il avait
Le petit mot (*ter*) pour rire.

PIRON, *entrant.*

Air connu.

Et flon, flon, flon,
La rira dondaine,
Et gai, gai, gai,
La rira dondé.

MADAME LUCIFER.

C'est Piron, sa mémoire
Ne périra jamais,
Ses chansons font sa gloire
Il est le père des
Flon, flon, flon,
La rira dondaine.

TOUS.

Gai, gai, gai,
La rira dondé.

PIRON.

Pourtant, malheur extrême,
Je ne fus rien.

BARNABÉ.

Quoi, rien

PIRON.

Je ne fus rien, pas même
Académicien,

TOUS.

Et flon, flon, flon, etc.

COCORICO. Pardine, ces Messieurs et ces Dames devraient bien nous dire comment ils se sont damnés.

PIRON. Comment ?.. Pour ma part, c'est bien simple !.. écoutez plutôt :

AIR : *Ah ! qu'il est doux de.*

A la bouche en toute saison,
Avoir pinte ou chanson ;
Préférer toujours au sermon
Le cabaret profane ;
Et s'appeler Piron,
Voilà comme on se damne.

SOPHIE ARNOULD.

Sophie Arnould, j'eus dans mon temps,
Des à propos charmants.
Par des regards encourageants
Charmante courtisane,
J'ai fait damner les gens.
Voilà comme on se damne.

MADAME DUBARRY.

De la main droite j'ai par fois,
Vu s'unir des bourgeois.
Et de la main gauche des rois,
Moi j'épousais, profane,
Des deux mains à la fois,
Voilà comme on se damme.

NINON.

J'ai fait à Lachâtre autrefois
Un bon billet, je crois ;
Mais par malheur je lui dois.
Ce billet me condamne.
Je fus sage une fois,
Voilà comme on se damne.

VOLTAIRE.

Moi, Voltaire, j'ai dans mes vers
Combattu les pervers.
Du pauvre j'ai brisé les fers,
J'ai chanté sa cabane.
Eclairer l'univers.
Voilà comme on se damne.

MOLIÈRE.

Moi, Molière, énergique auteur,
N'écoutant que mon cœur,
De Tartuffe j'ai, sans frayeur,
Déchiré la soutane.
Confondre un imposteur,
Voilà comme on se damne.

*(On entend un grand coup de tam-tam. Lucifer
entre tout à coup suivi de plusieurs démons.)*

SCENE VI.

LES MÊMES, LUCIFER, DÉMONS. *(Lucifer est en
grand costume infernal.)*

LUCIFER. Mille démons ! que fait-on donc ici ?
TOUS. Lucifer !
LUCIFER. Comment ! Madame, j'apprends que
des mortels sont venus me visiter, et voilà l'accueil que vous leur faites ; vous les ennuyez aux
récits d'un passé Pompadour et rococo.
MADAME LUCIFER. Mais...
LUCIFER. Mais, Madame, ça n'est pas ainsi que
j'entends que l'on fasse les honneurs de chez moi.
(A Polycarpe et à Barnabé.) Pardon, Messieurs,
vous êtes venus visiter l'enfer, c'est l'enfer que je
veux vous montrer. C'est aujourd'hui vendredi,
et vous allez assister à la grande ronde du sabbat.
POLYCARPE. Du sabbat !..
LUCIFER. C'est la danse du diable ; c'est mon
véritable bal à moi.
BARNABÉ. Mais...
LUCIFER. Au sabbat !
TOUS. Au sabbat !

*(Lucifer fait un signe, le théâtre change et re-
présente un vaste enfer.*

FIN DU SEIZIÈME TABLEAU.

DIX-SEPTIÈME TABLEA
L'ENFER.

SCENE PREMIERE.

LUCIFER, MADAME LUCIFER, TOUS LES PER-
SONNAGES INFERNAUX, POLYCARPE, COCO-
RICO.

CHŒUR.

Air de la *Tentation de saint Antoine.*

Diables et démons,
Chantons, dansons,
C'est jour de sabbat,   } *(bis)*
Chacun s'ébat,
Faisons sabbat !

Ah ! ah ! ah ! c'est vraiment
Charmant.
Rions, chantons, dansons gaiement,
Ah ! ah ! ah ! quel moment
Charmant !
Dansons bruyamment
En frappant,
Pan !

LUCIFER. Silence !.. vous, Madame mon épouse,
entonnez la ronde du sabbat, que chacun fasse

chorus, et dansons sur son joyeux refrain !...
TOUS. La ronde ! la ronde !

CHŒUR.

Air nouveau de Paul Henrion.

Lorsque Lucifer gronde,
Que le tocsin réponde
Et que pendant la ronde *(bis)*
Cent mille marteaux de charrons
Tombent sur cent mille chaudrons,
Carillon, *(bis)*
C'est jour de sabbat chez démon.
Carillon.

PREMIER COUPLET
MADAME LUCIFER.

Qu'on s'ingénie à faire
Mille bruits discordants
Que cent tailleurs de pierre
Fassent grincer nos dents.
Allons !..
Il faut que l'on se torde,
Qu'on se torde
En dansant,

Il faut que l'on se morde,
Se morde
En s'embrassant.
CHOEUR.
Lorsque Lucifer gronde, etc.
DEUXIÈME COUPLET.
MADAME LUCIFER.
Sautez par ribambelle,
Au son de mon beffroi,
Démons... j'ai froid!,. je gèle!
Vite réchauffez-moi.
Allons !
Qu'ici le feu circule,

Circule
Ardent et clair,
Pour que tout l'enfer brûle,
Qu'on brûle
Mon enfer.
CHOEUR.
Lorsque Lucifer gronde, etc.
(*Après la reprise tout les démons exécutent une ronde infernale, un coup de tam-tam annonce que le sabbat est terminé.*)
LUCIFER. Deux heures, ils sont libres.

FIN DU DEUXIÈME ACTE

ACTE TROISIÈME.

DIX-HUITIÈME TABLEAU.

Le théâtre représente une vue des Alpes.

SCENE PREMIERE.

BABYLAS, BARNABÉ, POLYCARPE.

POLYCARPE. *Il souffle dans ses doigts.* Brrout!.. où sommes-nous ? Oh! qu'il fait froid... qu'il fait froid...

BARNABÉ. C'est-à-dire que c'est tout le contraire de chez M. Satan ; il y a bien 28,992 degrés et demie au dessous de zéro.

BABYLAS. Ah! si je ne craignais pas de prodiguer mes derniers œufs, j'en casserais bien un pour avoir une chaufferette.

BARNABÉ. Et puis la fatigue, mes yeux clignottent.

POLYCARPE. C'est comme moi. J'éprouve une vague nécessité de faire dodo.

BABYLAS. Quant à moi, je ne sais pas si c'est le sommeil, mais j'ai envie de dormir.

BARNABÉ. Je me laisse alle

POLYCARPE. Et moi aussi.

BABYLAS. Ma foi ! je n'y résiste plus.

(*Ils vont s'asseoir et s'endorment.*)

BARNABÉ. Bonsoir, Polycarpe.

POLYCARPE. Bonsoir, Babylas.

BABYLAS. Bonsoir, Barnabé.

SCENE II.

BABOLEIN.

Que vois-je ! mes frères, mes bons petits frères qui sommeillent. Ah! tant mieux, ils sont bien plus sages quand ils dorment. Ce tableau m'intéresse, et je veux faire quelque chose pour eux... avec un des miens, (*Cassant un œuf.*) pour que rien ne trouble le sommeil de mes bons petits frères.

(*La scène se remplit d'animaux féroces.*)

BABOLEIN. Ah! mon Dieu!.. des lions... des ours... Au secours!... pour que deux hommes bien courageux viennent à notre secours. (*Il casse un œuf.*)

SCENE IV.

LES MÊMES, GROS MINET, COCORICO.

(*Tous les personnages luttent avec les bêtes féroces et finissent par les écraser de telle sorte qu'il ne reste que leurs peaux.*)

TOUS. Nous sommes vainqueurs!

Air : *les Puritains.*

CHŒUR.

Notre valeur guerrière
Fit mordre la poussière,
Aux monstres que la terre
Vomissait contre nous :
Voilà donc ces colosses,
Ces animaux féroces,
Ces ennemis atroces
Aplatis sous nos coups.

COCORICO, *prenant toutes les peaux.* Je vais au galop à l'entrepôt déposer ces peaux au dépôt des peaux.

BABYLAS. Ah! maintenant que nous voilà délivrés, la princesse ! Où est la princesse ?

GROS MINET. Au bout du monde, en Chine, pour se soustraire à ses trois amours.

TOUS. En Chine !

POLYCARPE. Courons-y !

BARNABÉ. Volons-y !

BABOLEIN. Émigrons-y !

BABYLAS. Du tout. Ici la Chine.

(*Il casse un œuf. Changement.*)

FIN DU DIX-HUITIÈME TABLEAU

DIX-NEUVIÈME TABLEAU.

La Chine.

SCENE PREMIERE.

LES MÊMES, KIKI, KANKAN, NAKA, KOUKOULI, KELÉ, PEKINA, NIKA, NANKINETTE, CHINOIS, CHINOISES

CHŒUR

Air du *Cheval de bronze.*

Clochettes de la pagode
Retentissez à la fois ;
C'est l'instrument à la mode
Parmi le peuple chinois.

TOUS LES FRÈRES. Oh ! c'est charmant ! c'est délicieux !

BARNABÉ. Ah ! les admirables Chinoises !

POLYCARPE. Et les jolis petits petons !

BABYLAS. C'est qu'elles ont les cheveux à la chinoise.

BARNABÉ. Les yeux à la chinoise.

POLYCARPE. Les nez à la chinoise.

GROS MINET. Elles ont tout à la chinoise.

BARNABÉ. Et d'où sortez-vous, célestes houris ?

KIKI. Nous sortons du bain.

BABYLAS. Ah ! je voudrais bien voir les bains chinois.

NAKA. Y penses-tu ? Personne ne peut y pénétrer.

KANKAN. Pas même nos maris.

BARNABÉ. Où se baignent-ils vos chinois de maris ?

KOUKOULI. Ils se baignent dans leur fleuve, le fleuve Jaune.

GROS MINET. Ah ! elle rit ; cette Chinoise rit.

KELÉ. Mais comment êtes-vous arrivés dans ce pays ?

PEKINA. C'est vrai, nous n'avons pas aperçu de vaisseau.

BABYLAS. Il est parti, nous avons levé... l'encre de Chine. Mais, dites-moi, jeunes filles, est-on sage en Chine ?

KANKAN. Si l'on est sage ! demandez plutôt à nos magots.

NIKA. Voilà bien longtemps qu'on n'a entendu la fatale romance.

LES FRÈRES. La fatale romance !

NAKA. Oui, le drin, drin chinois.

GROS MINET. Le drin, drin... Qu'est-ce que c'est que ça ?

NAKA. Ah ! vous ne savez pas ! Ecoutez, alors.

TOUTES. Écoutez !

NAKA.

Air du *Lion empaillé.*

C'est le refrain, qu'en Chine l'on répète
Au fond des bois, sous les bosquets fleuris.

KELÉ.

Ce doux refrain, vient d'une chansonnette
Qui fait trembler nos chinois de maris.
Drin, drin, drin, drin, drin.

TOUTES, *en sourdine.*
Drin, drin, drin, drin, drin.

DEUXIÈME COUPLET.

PEKINA.

Je fus toujours chaste et très réservée ;
Mais quelquefois, j'ai chanté ce refrain,

KIKI.

Par mon mari, je fus un jour trouvée
Chantant en chœur avec un mandarin
Drin. Drin, drin.

TOUTES.
Drin, drin, drin, drin.

TROISIÈME COUPLET.

Drin, drin, drin, drin
Quand ce refrain commence ;
Tous nos maris redoutent un affront
Quand nous chantons cet air en leur absence
Les Chinois sont...

TOUS.
Que sont-ils ?

KOUKOULIS.
Ce qu'ils sont...

Drin, drin, drin, drin...

REPRISE.

Drin, drin, drin, drin, drin.

GROS MINET. Ah ! en Chine, les maris sont faits drin, drin... En France, on les fait autre chose.

SCENE II.

LES MÊMES, FANFRELUCHE.

COCORICO. La princesse Fanfreluche !

TOUS LES FRÈRES. C'est elle !

BABYLAS, *bas à Cocorico.* Cocorico, à tout prix, il faut qu'elle soit à moi.

COCORICO, *bas.* Laisse-moi faire. (*Haut.*) Souvenez-vous que vous avez juré de ne plus casser d'œufs pour vous faire chérir.

TOUS. C'est convenu.

COCORICO. Songez que nous sommes en Chine, et que j'échigne celui qui machine quelque chose contre... machine.

FANFRELUCHE, *apercevant Gros Minet.* Ciel ! mon père !

GROS MINET. Ma fille !

FANFRELUCHE, *apercevant les trois frères.* Que vois-je... mes trois...

GROS MINET. Tes trois infirmités !

POLYCARPE. Vous avez voulu me fuir ; vous ne m'aimez donc plus ?

FANFRELUCHE. Ah ! si.

COCORICO, *à Babylas*. Vite, un œuf !

BABYLAS. Mais j'ai promis...

COCORICO. De ne pas vous faire aimer, c'est juste , mais faites-lui abominer les autres.

BABYLAS, *à part*. Je saisis. Pour qu'elle déteste Polycarpe ! *(Il casse un œuf.)*

POLYCARPE. Charmante princesse, accordez-moi un sourire ?

FANFRELUCHE. Ah ! fi l'horreur !...

(Elle lui donne un soufflet.)

POLYCARPE. Comment !..

BARNABÉ. C'est donc moi, moi seul, que tu idolâtres ?

FANFRELUCHE. Oui, c'est toi !..

BARNABÉ. Oh ! bonheur !

COCORICO, *à Babylas*. Encore un œuf... Comme à la comédie, *bis*.

BABYLAS. Pour qu'elle haïsse Barnabé.

(Il casse un œuf.)

BARNABÉ. Accorde-moi un baiser.

FANFRELUCHE. Oh ! le monstre !!...

BABYLAS. Elle est à moi !..

FANFRELUCHE. Oh !.. oui, à toi, rien qu'à toi ! Mon père, c'est le roi de mon choix ; c'est celui que je choisis.

GROS MINET. Jeune homme, vous êtes choisi le roi ?

BARNABÉ. Trahison !...

POLYCARPE. Je me vengerai.

(Divertissements. Changement.)

FIN DU DIX-NEUVIÈME TABLEAU.

VINGTIÈME TABLEAU.

Le théâtre représente une forêt. — A gauche, une cabane de bucheron.

SCENE PREMIERE.

COCORICO, BARNABÉ, BABYLAS , BABOLEIN, POLYCARPE.

POLYCARPE. Je te dis que c'est une perfidie.

BARNABÉ. C'est une trahison.

POLYCARPE. Tu nous as enlevé la princesse par un moyen...

COCORICO. Que je suis forcé de trouver malin.

BABYLAS. Je crois bien , c'est lui qui me l'a soufflé.

TOUS, *avec colère*. Lui !...

BABOLEIN. Allons, encore des querelles !.. nous ferions bien mieux de nous reposer ici.

COCORICO. Et de nous faire servir un joli petit repas... Justement, voilà là bas une chaumière... Oh là ! l'homme !...

BABYLAS. Apportez-nous une table toute dressée et cinq siéges.

(On apporte une table toute dressée.)

TOUS. A la bonne heure. A table, à table.

BARNABÉ. Voyons, qui est-ce qui sacrifie un œuf pour que nous soyons bien servis ?

COCORICO. Je vous ferai observer que n'en ayant qu'un, si je vous le donne, je n'en aurai plus.

BABOLEIN. Je me dévoue , moi, je ne me fais jamais tirer l'oreille.

COCORICO. Méfions-nous.

BABOLEIN. Pour que nous puissions savourer ce joli petit repas bien tranquillement, sans crainte d'être contrariés par la moindre des choses. *(Il casse un œuf, la table monte avec Babylas.)* Holà ! je veux monter aussi... je veux être à la hauteur de mon frère. *(Il casse un œuf, la table redescend avec Babylas et Babolein monte.)* Mais je veux être

au niveau de ce repas. *(Babolein casse un œuf, descend, et la table monte.)* Je veux être à table jusqu'au cou. *(Il casse un œuf, la table redescend. Babolein, qui se trouve dessous, se trouve coiffé d'un pâté. Polycarpe se met à découper le pâté. On voit la tête de Babolein coiffée de la croûte ; une écrevisse lui pince le nez. Il sort de dessous la table et se rassied.)*

BARNABÉ. Allons, voyons, ne te mêle plus de rien et laisse-nous manger à notre aise.

BABYLAS. Tiens, des œufs à la coque !

COCORICO. Des œufs !... je vais peut-être manger mes petits au maillot.

TOUS. Nous n'en voulons pas. Voyons, quelque chose de plus solide.

BABYLAS. Oh ! le beau coq !

COCORICO. Moi, manger du coq... non pas... je serais coquophage.

BABYLAS. Non , c'est un chapon qui me paraît cuit à point.

COCORICO. Arrêtez ! je crois le reconnaître ; c'est Hector, mon cousin, né sans fortune, cadet de famille ; il fut voué au célibat, voilà pourquoi il embrassa la profession de chapon. *(Il tend son assiette.)* Un peu de mon cousin, s'il vous plaît.

POLYCARPE. En ce cas, je l'entame.

(Une poule vivante sort de la volaille.)

Je découpe ce superbe lapin. *(Il va découper le lapin, un chat en sort et se sauve.)*

TOUS. Au chat ! au chat !

BARNABÉ. Plus rien, revenons à nos œufs...

BABOLEIN. Je suis sûr qu'ils sont d'une fraîcheur.. *(Il casse son œuf, il en sort un oiseau qui s'envole. Ah ! saperlotte, mon œuf qui s'envole !*

POLYCARPE. Ça ne finira donc pas ?

BARNABÉ. Voyons, prenons-en chacun un.

POLYCARPE. Et ouvrons-les tous ensemble.

COCORICO. Y êtes-vous ?

TOUS. Oui, oui.

COCORICO. Une, deux, trois. (*Ils ouvrent leurs œufs et il en sort des feux d'artifice.*)

TOUS. Au secours ! au secours ! des pompiers !

BABYLAS. Ce cuisinier est plein d'artifice.

COCORICO. Il veut nous mettre le feu au corps.

BABYLAS. Décidément, c'est le diable qui s'en mêle.

SCENE II.

LES MÊMES, FANFRELUCHE, GROS MINET.

GROS MINET, *entrant.* Ah ! grand Dieu !.. Que viens-je d'apprendre ?

FANFRELUCHE. Quoi donc ?

GROS MINET. Quatre armées qui marchent contre nous.

FANFRELUCHE. Quatre armées !

COCORICO, *allant au fond.* Oui, la princesse Florine marche sur votre aile gauche et trois autres corps menacent nos derrières.

GROS MINET. Cocorico... devant ma fille.

COCORICO. Pardon, prince Gros Minet !.. Je n'a-

vais pas l'intention de dire quelque chose de leste à Minet.

FANFRELUCHE. Mon père, voici le moment de vaincre ou de mourir.

GROS MINET. J'aime mieux m'en aller.

TOUS. Oh !..

GROS MINET. Vaincre ou courir... Voilà ma devise !

TOUS. Les voilà !..

SCENE III.

LES MÊMES, FLORINE.

FLORINE. Je viens une dernière fois vous demander l'héritage de mes pères.

FANFRELUCHE. Jamais !..

FLORINE. Eh bien ! la guerre !..

TOUS. La guerre !.. la guerre !..

BABOLEIN. Un instant... Ah ! voilà l'usage que vous faites de vos talismans. Eh bien ! oui, la guerre !.. mais une guerre d'extermination... une guerre comme naguère, on n'a guerre vu de guerre. (*Cassant un œuf.*) Pour que la discorde vous anéantisse, pour que nous soyons tous dans le royaume de la discorde.

FIN DU VINGTIÈME TABLEAU.

VINGT-ET-UNIÈME TABLEAU.

Le théâtre représente l'île de l'harmonie.

SCENE PREMIERE.

COCORICO, BABYLAS, BABOLEIN, POLYCARPE, BARNABÉ, GROS MINET, FANFRELUCHE ET FLORINE.

(*On entend de doux et tendres accords. — Tous les personnages qui, à la fin du tableau précédent, étaient restés dans des positions tragiques et menaçantes, se regardent avec tendresse et se tendent les bras.*)

BABYLAS. Où suis-je ?

BABOLEIN. Que vois-je ?

POLYCARPE. Qu'éprouvé-je ?

GROS MINET. Que sens-je ?

COCORICO. Et que ressens-je ?

BABOLEIN. Babylas... mes frères.

FANFRELUCHE. Florine, ma cousine...

GROS MINET. Mes gendres, mes enfants.

COCORICO. Mes excellents amis. (*Tous les personnages s'embrassent.*)

BABYLAS. Mais où sommes-nous donc ?

POLYCARPE. Quelle ravissante musique !

BARNABÉ. Quels délicieux accords !

BABOLEIN. On dirait un accordéon

FLORINE. Nous devons être dans l'île de l'harmonie.

POLYCARPE. Tiens, jusqu'à ce banc en doubles croches.

BABYLAS. Un banc croche.

BABOLEIN. Ah ! et ce violon là-bas...

GROS MINET. Un violon, c'est sans doute dans la maison d'arrêt de la garde nationale.

FANFRELUCHE. Et plus loin, toutes ces petites flûtes.

COCORICO. Ce doit être la boulangerie.

BARNABÉ. Mais tous ces cors qui pendent à cette boutique.

GROS MINET. Des cors, c'est l'enseigne d'un pédicure.

GROS MINET. Je veux parcourir ce pays harmonieux pour une histoire que je médite... Dans l'île de la musique, il doit être facile de prendre des notes.

POLYCARPE. Moi, je veux le parcourir aussi.

TOUS. Et moi aussi.

BABOLEIN. Dispersons-nous de différents côtés.

GROS MINET.

Air du *Chien du château* (Dormille, Gymnase.)

Je fais un livre savant
Qui sera plein d'anecdotes,
Mais je veux prendre des notes
Sur chaque instrument avant.
Prenons bien garde toutefois,
Vous surtout fillettes gentilles ;
Ici les bois, sont des *hautbois*
Où des serpents trompent les filles.

REPRISE EN CHŒUR.

Il fait
Je fais } un livre savant, etc.

(Ils sortent.,

SCÈNE II.

BABOLEIN, *seul.* Comment, je demande à être transporté dans l'île de la discorde, et je me trouve dans le pays de l'harmonie... Mais qu'est-ce que je disais donc, que mes œufs se conduisaient mal; ils se conduisent à merveille... Si je profitais de mon séjour ici pour tirer de mon gosier quelques sons harmonieux. Dans ce pays-ci, je dois avoir un délicieux organe. (*Il prélude. Une personne placée dans le trou du souffleur chante, tandis qu'il fait les gestes :* Hélas! elle a fui, etc.) Oh! la jolie voix. (*Il chante.*) Oh! c'est charmant! c'est charmant; mais ça pourrait être mieux, je pêche un peu par le bas; c'est le bas qui blesse. (*Cassant un œuf)* pour que ça soit mieux. (*Voix naturelle.*) Ah! quel sol!.. ah! grand Dieu, quel sol fais-je?.. comme le ré-glisse... cette note me choque au la. Décidément, j'aime mieux m'en aller...Voyons, de quel côté vais-je me diriger... (*Lisant.*) Rue du Bel-Air... Tiens, la rue du Bel-Air, ça doit conduire rue de la Harpe ou rue des Moineaux; de la rue des Sept-Voies, j'en trouverai une pour remplacer la mienne; prenons la rue du Bel-Air. (*S'arrêtant au moment de sortir.*) Que vois-je, une armée qui s'avance...

SCÈNE III.

BABOLEIN, SOUPIR, ARMÉE DE CLARINETTES, ensuite LE ROI, LA REINE.

(On voit défiler sur le théâtre une armée composée de clarinettes.—L'armée se range.—Entrent le roi et la reine formant une lyre et suivie d'une harpe.

BABOLEIN. Oh! mais je n'en reviens pas...

SOUPIR. Jeune étranger, prosternez-vous devant le roi Bémol et son auguste épouse la reine Cadence.

BABOLEIN. C'est un ménage qui doit être très uni, car à deux ils ne font qu'un.

SOUPIR. Ils sont toujours d'accord : le matin, le roi pince de son épouse; le soir, la reine pince de son époux, et souvent ils se pincent toute la journée.

BABOLEIN. Diable! mais ils doivent se faire des noirs.

SOUPIR. Les noirs, nous ne les aimons pas, nous préférons les blanches.

BABOLEIN. Parce qu'une blanche vaut deux noires. Et ce Monsieur qui les suit par derrière.

SOUPIR. C'est le premier ministre, un grand poète.

BABOLEIN. Tu le nommes?

SOUPIR. C'est Laharpe.

BABOLEIN. Je le connaissais de réputation ; mais s'il est vrai que leurs majestés ne se séparent jamais, il doit être impossible d'écrire à la reine une déclaration d'amour.

SOUPIR. Pourquoi?

BABOLEIN. Parce qu'ils sont deux pour *la lire.*

SOUPIR. Chut! ne touchez pas cette corde là!

BABOLEIN. Et leurs majestés ont-elles des enfants...

SOUPIR. Une seule princesse, la princesse Fugue, âgée de trois mois.

BABOLEIN. Oh! la reine Cadence a fait une petite Fugue. Et vous, jeune homme, qui êtes vous?

SOUPIR. Je suis le page du roi, je m'appelle Soupir.

BABOLEIN. Soupir, c'est un joli nom pour un page.

SOUPIR. Mon père est un Soupir, je suis un demi-Soupir, et je suis moi-même père d'un quart de Soupir.

BABOLEIN. Mais leurs majestés sont bien silencieuses, ne parleraient-elles pas?

SOUPIR. Elles s'expriment au contraire de la façon la plus harmonieuse, tu peux les interroger.

BABOLEIN. Volontiers... (*Au roi et à la reine.*) Vos majestés sont-elles heureuses? (*Le roi et la reine pincent l'air :* Où peut-on être mieux, etc.)

BABOLEIN. Très bien, je comprends; et la reine, que fait-elle pour s'amuser? (*La reine pince l'air :* C'est l'amour, l'amour, l'amour, etc.)

BABOLEIN. Charmante occupation! et unis comme ils le sont, le roi ne risque jamais d'être... (*Le roi pince l'air :* Cocu, cocu, mon père.)

BABOLEIN. C'est prodigieux! c'est merveilleux ! (*On entend une ritournelle.*)

BABOLEIN. Tiens, tiens, qu'est-ce que c'est que ça?

SOUPIR. C'est l'ange de l'harmonie !

FLORINE, *entrant, costume d'ange et d'orgue.*

Air nouveau de Paul Henrion.

> Moi le génie
> De l'harmonie
> Je m'ingénie
> A tout calmer,
> Qu'on se pardonne,
> Quand je l'ordonne, (*bis*)
> Il faut s'aimer.

BABOLEIN. Ah! bravo!.. pour un ange, vous chantez comme un ange. Ah! si mes frères étaient là.

SOUPIR. Tes frères, tu vas les voir; les voilà déjà tous les trois qui se dirigent de ce côté.

BABYLAS.

Air de *Chasse.*

Je suis un cor, un cor solide,

BARNABÉ,

Je suis la basse.

TABLEAU XXI, SCENE VI.

ENSEMBLE.

Ecoutez donc !

(Jouant de leurs instruments.)

Ton, ton, romp, romp, tonton, romp romp, romp.

POLYCARPE, *entrant le dernier.*

En qualité d'ophicléïde,

Pour moi, mon instrument répond.

ENSEMBLE, *et jouant tous.*

Ton, ton, tontaine, ton ton.

SCENE IV.

LES MÊMES, BABYLAS , *en cor ;* BARNABÉ , *en basse ;* POLYCARPE , *en ophicléïde.*

BABOLEIN. O ciel ! j'avais un frère, et maintenant je l'ai en cor !

BABYLAS. Comment me trouves-tu ?

BABOLEIN. Je te trouve drôle.

BABYLAS. Oui, je suis un drôle de cor.

BABOLEIN. Et ce pauvre Barnabé...

BARNABÉ. Mais je ne me plains pas, j'ai une voix superbe... *(Il râcle sur ses cordes.)*

BABOLEIN. Et ça ne t'empêche pas d'agir , de marcher ?..

BARNABÉ. Comment donc ; mais dans ce pays-ci la basse court...

POLYCARPE. Parlez-moi de l'ophycléide, avec un pareil costume, pas moyen de coucher à la porte.

TOUS. Pourquoi ?

POLYCARPE. J'ai toutes mes clés sur moi.

BABYLAS. C'est vrai, il a la clé de tous les airs.

POLYCARPE. Oui, J'ai la clé des chants. *(L'on entend la grosse caisse.)*

BARNABÉ. Oh ! oh ! qui s'annonce ainsi ?

BABYLAS. Eh ! mais je le reconnais, c'est le roi Gros Minet.

SCENE V.

LES MÊMES, GROS MINET, *en grosse caisse, coiffé d'une cymbale.*

GROS MINET.

Air du *Maréchal ferrant.* (P. Henrion.)

Rangez-vous sur mon passage,

Partout mon nom retentit,

Je suis un gros personnage,

Et je fais beaucoup de bruit.

A chaque moment, j'engraisse,

Je m'assourdis en frappant.

Pan, pan, pan, pan, pan, pan, pan.

A me voir en grosse caisse

Si dodu et si replet,

On croirait voir le budjet.

C'est charmant

Les pans, pans

Se croisant,

Se mêlant,

Vont croissant,

Discordant

A briser tous les tympans

Ah ! la drôle de musique,

Rien n'est plus charivarique.

Ah ! vraiment,

C'est charmant,

Rien n'est plus étourdissant.

Ah ! la drôle de musique,

ien n'est plus charivarique.

Ah ! vraiment,

C'est charmant,

Rien n'est plus divertissant

Les pans, pans

Se mêlant,

Vont croissant,

Discordant

Et pan, pan, pan, pan, pan, pan, pan,

Pan, pan, pan, pan, pan pan, pan, pan

(Il s'accompagne de la caisse. — Il accompagne le refrain lui-même et rentre sa tête dans la grosse caisse pour jouer de ses cymbales.)

BABYLAS. Est-il beau ! est-il beau !

GROS MINET. Oh ! c'est égal, l'état de caisse a bien ses contrariétés.

BARNABÉ. Qu'est-ce ?

GROS MINET. Précisément, qu'est-ce ?.. ce mot qu'on m'adresse à chaque instant, tout le monde me dit qu'est-ce ? et c'est à qui battra la caisse. Ensuite, parce que j'ai de l'économie, on me prend pour une caisse... d'épargne... et pourtant je n'ai que mes *cinq balles.*

(Il se baisse et donne un coup de cymbales. L'on entend au loin le son de la cornemuse jouant l'air de la Closerie.)

BARNABÉ. Tiens, c'est une cornemuse.

SCENE VI.

LES MÊMES , COCORICO , *en cornemuse.*

BABYLAS. Eh ! mais je le reconnais, c'est ce pauvre Cocorico !.. Bonjour, vieux, comment ça va-t-il ?

COCORICO.

Air : *Royale polka.*

Ah ! c'est charmant,

Cet instrument

Est excellent

Pour faire danser les marmotes

Do, ré, mi, fa, sol, la, si, do,

Comme c'est beau

Do, ré, mi, fa, sol, la, si, do.

J'ai des effets

Qui sont parfaits,

Partout je plais ;

Car je connais

Toutes mes notes ;

D'abord mon ré

Est admiré,

Et quand ici

Je fais un si

On dit quoi si ;
Puis j'ai mon mi
Un mi
Ami
Cité parmi
Tous les mi que l'on exécute.
Quant à mon fa
Il triompha ;
Car un tel fa
Ne peut passer pour un sot là.
Si j'fais un la
On me dit : ah !
Restez-en là.
Mon sol, chacun se le dispute ;
Quant à mon do
En soufflant trop
Je fais un couac ;
Car, j'ai mon do dans l'estomac.

Do, ré, mi fa sol, la si do ré mi fa, sol, la si do, ré mi, fa, sol, la mi, fa, sol, la, si, do, ré, mi, fa, sol, la si do, ré mi fa sol, la, si, do.

BABYLAS. Comment nous trouvons-nous là-dedans?.. (*Cocorico commence sur la cornemuse l'air de la* Closerie.)

BARNABÉ Ça n'est pas une réponse, on demande comment vous vous portez? (*Cocorico continue de même.*)

BABOLEIN. Êtes-vous satisfait de votre instrument? (*Cocorico continue.*)

POLYCARPE. Savez-vous que vous êtes impatientant? (*Cocorico finit son air.*)

BABYLAS. Il use ma patience, il use mon temps, je ne sais pas tout ce que cette corne m'use... ah ! ça décidément, nous nous fixons ici?

BARNABÉ. Nous serons très heureux ; d'abord un soleil do-ré

COCORICO. Des nuits tranquilles pour faire des do-do.

BABOLEIN. On charme le temps par des ré-si.

GROS-MINET. Et comme tout le monde est d'accord, on a pour le moins mi-la-mi. Mais qu'est-ce que c'est que ça?

GROS MINET. C'est l'école mutuelle du pays.
(*Entrent des petits enfants en instruments divers.*)
Divertissement exécuté par tous les instruments.

POLKA.

FIN DU VINGT-ET-UNIÈME TABLEAU

VINGT-DEUXIÈME TABLEAU.

Le Poulaillier.

SCENE PREMIERE.

URBAIN, *seul.*

Mes frères. mes pauvres frères... Pour eux, le malheur, les haines... la guerre même... Oh ! les hommes ! les hommes !... Ils se plaignent de la Providence ; mais laissez-les régler leur sort, donnez-leur le pouvoir de commander à leur destinée, et voilà le premier usage qu'ils feront de de ce pouvoir. (*A la poule.*) O toi, génie du mal, toi qui, dans cette prison, où tu fus enfermée, trouves encore le moyen de nuire à ma famille, je serai là désormais pour te combattre, pour anéantir les talismans maudits que tu livres à la cupidité de mes frères... Je les briserai tous... entends-tu, et, fidèle à mon serment, je ne garderai que celui-ci, celui qui devait assurer mon bonheur, si Florine m'eût aimé.

SCENE II.

URBAIN, FLORINE, *en paysanne.*

FLORINE, *s'arrêtant au fond.* Mon nom... c'est lui, c'est Urbain.

URBAIN. Quand je pense que sans son ambition, elle serait ici près de moi.

FLORINE, *à part.* Eh bien ! m'y voici.

URBAIN. Qu'au lieu des riches costumes qui la parent, je la verrais encore sous ces habits villageois qui la rendaient si jolie.

FLORINE. C'est vrai qu'ils ne me vont pas mal.

URBAIN. Et toute ma vie je serai malheureux, car toute ma vie je penserai au bonheur d'Anselme. Je me dirais : si elle m'avait aimé, je la verrais assise près de moi, me disant : Urbain, me voilà, je t'aime toujours !

FLORINE. Urbain, me voilà, je t'aime toujours !

URBAIN. Est-ce un prodige, un rêve, une illusion !

FLORINE. Non, c'est une ingrate qui a tout sacrifié à l'orgueil, l'amitié, la reconnaissance, mais non pas son amour qui vous la ramène. Voulez-vous lui pardonner ?

Air : *Riez petits enfants.*

C'est à vos pieds, que je demande grâce,
Urbain, Urbain, me pardonnerez-vous,
Parlez, parlez que faut-il que je fasse,
Regardez-moi, suppliante à genoux !
L'amour conduit à la coquetterie ;
De vous charmer, mon cœur était jaloux,
Quand j'ai voulu paraître plus jolie ;
Urbain, Urbain, je n'ai pensé qu'à vous.
A la fin de ce couplet on entend un grand bruit au dehors.)

URBAIN. Chère Florine !

FLORINE. Ce bruit ?

URBAIN. Ce sont mes frères.

FLORINE. Ils sont accompagnés de la princesse et du roi.

URBAIN. Je devine le motif qui les amène... mais il est trop tard !

SCÈNE III.

Les mêmes, GROS MINET, COCORICO, BABY-LAS, POLYCARPE, BARNABÉ, BABOLEIN, LA PRINCESSE.

CHŒUR.

AIR :

Des œufs (ter)
J'ordonne
Qu'on m'en donne.
Des œufs, (ter)
J'en veux
Un quarteron ou deux

BARNABÉ. Ruinés ! Nous sommes tous ruinés !

BABYLAS. Plus un œuf, plus un simple œuf.

FANFRELUCHE. Mais je te reste, moi, mon beau Babylas.

BABYLAS. Je le sais bien. (A part.) Et c'est ce qui me désole. Cocorico, toi, qui n'a pas cassé le tien, si tu voulais m'en débarrasser un peu...

COCORICO. Merci, elle n'aurait qu'à me revenir ! Bon, je dis ça à son père !

POLYCARPE. Mais, vous, sire, que sont devenus vos états ?

GROS MINET. Ils sont dans un bel état, mes états. On m'a fourré à la porte.

COCORICO. Vous êtes portier.

BABOLEIN. Nous étions si bien dans le pays de l'harmonie.

COCORICO. Oui, mais tu t'es avisé de casser un œuf pour être encore mieux, et nous sommes gentils à présent.

BABYLAS. Mais nous retrouverons ici de nouveaux talismans ; cette vieille volaille a dû en confectionner d'autres.

COCORICO. Merci, pour mon épouse.

URBAIN. Et vous les chercherez vainement.

TOUS. Urbain !

GROS MINET, à Urbain. Manant, réponds, qu'as-tu fait des œufs que cette poule a dû pondre ?...

URBAIN. Je les ai tous brisés.

TOUS. Brisés !

LA PRINCESSE. Téméraire !

BABYLAS. En voilà une bêtise !.

URBAIN. Et je briserai de même tous ceux qu'elle pondra désormais.

GROS MINET. C'est ce qu'il faudra voir et pour commencer...

(L'on entend la poule caqueter.)

TOUS. Ah !

COCORICO. La poule va pondre, je m'y connais.

LA PRINCESSE. A moi son œuf !

TOUS. Non, à moi, à moi !

Même air.

C'est moi, (ter.)
Redoutez ma colère,
C'est moi (ter.)
Qui dois faire la loi.

TOUS, *s'arrêtant les uns les autres. Parlé.* Un œuf d'or.

(Chanté.)   FANFRELUCHE.

Vite qu'on me le donne,
Je le veux !

URBAIN.
Non, jamais.
(Prenant l'œuf et le brisant.)
Je l'ai dit, à personne.

TOUS, *jetant un cri.*

Ah !

COCORICO
Nous voilà, sans œufs, frais.

BABYLAS. C'est une horreur !

TOUS. Une infamie !

LA PRINCESSE. Nous voilà obligés d'attendre jusqu'à demain.

GROS MINET. *jetant un cri.* Ah !

TOUS. Quoi ?

GROS MINET. J'ai un moyen.

TOUS. Lequel ?

GROS MINET. Puisque chaque jour cette poule pond un œuf d'or...

TOUS. Eh bien ?

GROS MINET. Son corps doit renfermer un trésor.

TOUS. C'est vrai.

GROS MINET. Pourquoi donc attendre

TOUS. C'est juste.

GROS MINET. Tuons-la !

TOUS Oui, tuons-la !

URBAIN. Arrêtez, malheureux !

TOUS.

REPRISE.

C'est moi (ter)
Qui ferai son affaire.
C'est moi (ter)
Qui veux faire
La loi.

(On tue la poule. — Un bruit infernal se fait entendre et des entrailles de la terre sort un monstre hideux.)

COCORICO. Elle est morte, je suis veuf.

LE MONSTRE.

Vous avez délivré votre mauvais génie.
Tremblez, car les enfers sont soumis à ma loi.
A moi, satan ! seconde ma furie
A moi ! démons, à moi !

(Tous les personnages, moins Urbain et Florine sont tombés la face contre terre.)

CHŒUR DES DÉMONS,

Vengeance, Vengeance!
Guerre aux humains,
Esprits malins.
Démons, lutins,
Guerre aux humains.
Vengeance! vengeance! vengeance!

URBAIN, *sur l'avant-scène.)*

Veille sur nous, ô providence!
Seigneur, j'ai tenu mon serment.

Seul j'ai gardé ce talisman;
Et je demande à ta bonté divine
Le pardon de tous nos amis.

(Cassant un œuf.)
Pour que nous soyons réunis
Près d'Anselme et de Marceline.

FIN DU VINGT-DEUXIÈME TABLEAU.

VINGT-TROISIÈME TABLEAU.

Le théâtre change et représente le ciel. — Anselme et Marceline tendent les bras à leurs enfants restés à genoux sur l'avant-scène. — On entend un chœur d'anges chanté au loin.

CHŒUR.

Toujours unis vers la voûte éternelle,
Allez, partez heureux et triomphants,
Près du seigneur dont la voix vous appelle
Du haut du ciel, veillez sur vos enfants.

FIN DU VINGT-TROISIÈME TABLEAU.

VINGT-QUATRIÈME TABLEAU.

Cocorico, au moment où la toile baisse, se trouve pris sur l'avant-scène.

COCORICO. Eh! dites donc!.. Eh bien! et moi donc! ne vous en allez pas sans moi. *(Au public.)* C'est qu'ils vont souper chez le directeur, et ils ne veulent pas que j'en sois, parce qu'ils sont jaloux de moi, qui ai gardé mon œuf! A propos d'œuf, il serait pourtant temps.. et c'est tentant, que je le cassasse. Je sais ce que j'ai à demander dans ce moment-ci.... un succès.... Oh! mon Dieu, pourvu que ça ne soit pas un œuf de Babolein! Qu'est-ce qui me l'a donné? Est-ce Urbain ou Babylas?... Non, c'est Polycarpe..... Non, c'est Barnabé!... Quel embarras!.... Ah! ma foi, en le cassant, je le verrai bien.... au petit bonheur!

AIR : *Vous avez des droits superbes.*

Voulant désarmer la critique
Dont le pouvoir est agressif,
J'ai conservé mon œuf magique
Jusqu'à ce moment decisif.
Longtemps j'ai cherché dans ma tête
Pour demander quelque chose de neuf;

Maintenant plus rien m'arrête
Aussi vais-je casser mon œuf.

(Parlé.) Pour que toutes nos grosses bêtises vous paraissent amusantes; pour que ce petit ouvrage obtienne deux cent cinquante représentations ; pour qu'il fasse tous les soirs trois mille francs de recette ; pour que les dames disent dans tout Paris : mais, saprelotte, ma chère, allez donc, courez donc, volez donc au théâtre National. C'est là que les actrices sont charmantes et les acteurs très jolis; que les décors sont superbes, les pièces amusantes. C'est là qu'on oublie complétement tous les ennuis et les embêtements de la politique. Voilà, Messieurs et Mesdames, tout ce que je demande, et j'ose espérer, qu'en applaudissant à outrance, vous aurez la bonté de prouver.

Suite de l'air.

Que je conservais *(bis)* un bon œuf.
(Il le casse.)

FIN.

LAGNY. — Typographie de A. Varigault et Cie

EN VENTE CHEZ LE MÊME ÉDITEUR.

Titre	Prix
L'Aïeule.	75
Un Monstre de Femme.	60
La Jeunesse de Charles-Quint.	60
Le Vicomte de Lélorières.	60
Les Fées de Paris.	60
Pour mon fils.	60
Lucienne.	60
Les jolies Filles de Sülberg.	60
L'Enfant de Chœur.	60
Le Grand Palatin.	60
La Tante mal gardée.	60
Les Circonstances atténuantes.	60
La Chasse aux Vautours.	60
Les Batignollaises.	60
Une Femme sous les Scellés.	60
Les Aides de Camp.	60
Le Mari à l'essai.	60
Chez un Garçon.	60
Jasket's-Club.	60
Mérovée.	60
Les deux Couronnes.	60
Au Croissant d'Argent.	60
Le Château de la Roche-Noire.	60
Mon illustre ami.	60
Talma en congé.	60
L'Omelette Fantastique.	1 »
La Dragonne.	60
La Sœur de la Reine.	60
La Vendetta.	60
Le Poète.	60
Les Informations Conjugales.	60
Le Loup dans la Bergerie.	60
L'Hôtel de Rambouillet.	60
Les deux Impératrices.	60
La Caisse d'Epargne.	60
Thomas le Rageur.	60
Derrière l'Alcôve.	60
La Villa Duflot.	60
Péroline.	60
La Femme à la Mode.	60
Les égarements d'une Canne et d'un Parapluie.	60
Les deux Anes.	60
Fréguet, coiffeur de Dames.	60
L'Anneau d'Argent.	60
Recette contre l'Embonpoint.	60
Don Pascale.	60
Mademoiselle Déjazet au Sérail.	60
Touboulie le Cruel.	60
Herminance.	60
Les Canuts.	60
Entre Ciel et Terre.	60
La Fille de Figaro.	60
Métier et Quenouille.	60
Angélique et Médor.	60
Loïsa.	30
Jocrisse en Famille.	60
L'autre Part du Diable.	60
La Chasse aux Belles Filles.	60
La Salle d'Armes.	60
Une Femme compromise.	60
Patineau.	60
Madame Roland.	60
L'Esclave du Camoïns.	60
Les Réparations.	60
Mariage du Gamin de Paris.	60
Veille du Mariage.	60
Paris bloqué.	60
Un Ménage Parisien.	1 »
La Bonbonnière.	60
Adrien.	60
Pierre le Millionnaire.	60
Carlo et Carlin.	60
Le Moyen le plus sûr.	60
Le Papillon Jaune et Bleu.	60
La Polka en province.	60
Une Séparation.	60
Le roi Dagobert.	60
Frère Galtâtre.	60
Nicaise à Paris.	60
Le Troubadour-Omnibus.	60
Un Mystère.	60
Le Billet de faire part.	60
Pulcineila.	60
Fiorina.	60
La Sainte-Cécile.	60
Follette.	60
Filles à Marier.	

Titre	Prix
Un Ange tutélaire.	60
Un Jour de Liberté.	60
Wallace.	60
L'Ecolier d'Oxford.	60
L'Oiseau du Bocage.	60
Paris à tous les Diables.	60
Une Averse.	60
Madame de Cérigny.	60
Le Fiacre et le Parapluie.	60
Morale en action.	60
Liberté Libertas.	60
L'Ile du prince Touton.	60
Mimi Pinson.	60
L'Article 173.	60
Les Viveurs.	60
Les deux Pierrots.	60
Seigneur des Broussailles.	60
Deux Tambours.	60
Constant la Girouette.	60
L'Amour dans tous les Quartiers de Paris.	60
Madame Bugolin.	60
Petit Poucet.	60
Camoëns.	60
Escadron volant de la Reine.	60
Le Lansquenet.	1 »
Une Voix.	60
Agnès Bernau.	60
Amours de M. et Mme Denis.	60
Porthos.	60
La Pêche aux Beaux-Pères.	60
Révolte des Marmousets.	60
Le Troisième Mari.	60
Un premier Souper de Louis XV.	60
L'Homme à la Mode.	60
Une Confidence.	60
Le Ménétrier.	60
L'Almanach des 25,000 Adresses.	60
Une Histoire de Voleurs.	60
Les Murs ont des Oreilles.	60
L'Enseignement Mutuel.	60
La Charbonnière.	60
Le Code des Femmes.	60
On demande des Professeurs.	60
Le Pot aux Roses.	60
La Grande Bourse et les Petites Bourses.	60
L'Enfant de la Maison.	60
Riche d'Amour.	1 »
La Comtesse de Moranges.	60
L'Amazone.	60
La Gloire et le Pot-au-Feu.	60
Les Pommes de terre malades.	60
Le Marchand de Marrons.	60
V'là ce qui vient d' paraître.	60
La Loi salique.	60
Nuage au Ciel.	60
L'Eau et le Feu.	60
Beaugaillard.	60
Mardi Gras.	60
Le Retour du Conscrit.	60
Le Mari perdu.	60
Dieux de l'Olympe à Paris.	60
Le Carillon de Saint-Mandé.	60
Geneviève.	60
Mademoiselle ma Femme.	60
Mal du Pays.	60
Mort civilement.	60
Garde-Malade.	60
Fruit défendu.	60
Un Cœur de Grand'Mère.	60
Nouvelle Clarisse Harlowe.	60
Place Ventadour.	60
Nicolas Poulet.	60
Roch et Luc.	60
La Protégée sans le savoir.	60
Une Fille Terrible.	60
La Planète à Paris.	60
L'Homme qui se cherche.	60
Maître Jean.	60
Ne touchez pas à la Reine.	60
Une année à Paris.	60
Irène ou le Magnétisme.	60
Amour et Biberon.	60
En Carnaval.	60
Bal de Bastringue.	60
Un Bouillon d'onze heures.	60
Cour de Biberack.	60
D'Aranda.	60
Femme qui se jette par la fenêtre.	60

Titre	Prix
Avocat Pédicure.	60
Trois Paysans.	60
Chasse aux Jobards.	60
Mademoiselle Grabulot.	60
Père d'occasion.	60
Croquignold.	60
Henriette et Charlot.	60
Le Chevalier de Saint-Remy.	60
Malheureux comme un Nègre.	60
Un Vœu de jeune Fille.	60
Secours contre l'Incendie.	60
Chapeau Gris.	60
Sans Dot.	60
La Syrène du Luxembourg.	60
Homme Sanguin.	60
La Fille obéissante.	60
Tantale.	60
Deux Loups de Mer.	60
Olléa.	60
La Croisée de Berthe.	60
La Filleule à Nicot.	60
Les Charpentiers.	60
Mademoiselle Farihole.	60
Un Cheveu blond.	60
Les Impressions de Ménage.	60
L'Homme aux 160 Millions.	60
Pierret Posthume.	60
La Déesse.	60
Une Existence décolorée.	60
Elle... ou la Mort!	60
Didier l'honnête Homme.	60
L'Enfort de quelqu'un.	60
Les Chroniques bretonnes.	60
Haydée ou le Secret.	1 »
L'Art de ne pas donner d'Etrennes.	60
Le Puff.	1 »
La Tireuse de Cartes.	30
La Nuit de Noël.	1 »
Christophe le Cordier.	60
La Rose de Provins.	60
Les Barricades de 1848.	60
34 Francs! ou sinon!...	60
La Fille du Matelot.	60
Les deux Pommades.	60
La Femme blasée.	60
Les Filles de la Liberté.	60
Hercule Belhomme.	60
Don Quichotte.	60
L'Académicien de Pontoise.	60
Ah! Enfin!	60
La Marquise d'Aubray.	60
Le Gentilhomme campagnard.	60
Les Peureux.	60
Le Chevalier de Beauvoisin.	60
Le Gentilhomme de 1847.	60
La Rue Quincampoix.	60
L'Ange de sa Tante.	60
La République de Platon.	60
Le Club des Maris.	60
O car XXVIII.	60
Une Chaîne Anglaise.	60
Un Petit de la Mobile.	60
Histoire de rire.	60
Les vingt sous de Périnette.	60
Le Serpent de la Paroisse.	60
Agénor le Dangereux.	60
Roger Bontemps.	60
L'Eté de la Saint-Martin.	60
Jeanne la Folle.	1 »
Les suites d'un Feu d'Artifice.	60
O Amitié!.. ou les trois Epoques.	60
La Propriété, c'est le Vol.	60
La Poule aux Œufs d'Or.	60
Elevés ensemble.	60
L'Hôtellerie de Genève.	60
A bas la Famille ou les Banquets.	60
Daniel.	1 »
Le Voyage de Nannette.	60
Titine à la Cour.	60
Le baron de Castel-Sarrazin.	60
Madame Marnotte.	60
Un Gendre aux Epinards.	60
Madame veuve Larina.	60
La Reine d'Yvetot.	60
Les Manchettes d'un Vilain.	60
Le Duel aux Mauviettes.	60
Les Filles du Docteur.	60
Un Turc pris dans une porte.	60
Les Grenouilles qui demandent un Roi.	60

Titre	Prix
Ce qui manque aux Grisettes.	60
La Poésie des Amours et...	60
Les Viveurs de la Maison-d'Or.	60
Un Troupier dans les Confitures.	60
Ma Tabatière.	60
Gratiöso.	60
E. H.	60
Trompe-la-Balle.	60
Un Vendredi.	60
Le Gibier du dot.	60
Bréda-Street.	60
Adrienne Lecouvreur.	1 »
Sans le Vouloir.	60
Les Femmes socialistes.	60
Le Mobilier de Bamboche.	60
Les Beautés de la Cour.	60
La Famille.	60
L'Hurluberlu.	60
Un Cheveu pour deux têtes.	60
L'Ane à Baptiste.	60
Les Prodigalités de Bernerette.	60
Les Bourgeois des Métiers.	60
La Graine de Mousquetaires.	60
Les Faubourgs de Paris.	60
La Montagne qui accouche.	60
Le Juif-Errant.	60
Adrienne de Carotteville.	60
Un Socialiste en Province.	60
Le Marin de la Garde.	60
Une Femme qui a une jambe de bois.	60
Mauricette.	60
Une Semaine à Londres.	60
Le Cauchemar de son propriétaire.	60
Le Marquis de Carabas.	60
La Ligue des Amants.	60
Les Sept Billets.	60
Passe-temps de Duchesse.	60
Les Cascades de Saint-Cloud.	60
Lorettes et Aristos.	30
Les Compatriotes.	60
Un Tigre du Bengale.	60
Le Congrès de la Paix.	60
Les Représentants en vacances.	60
Les Grands Ecoliers en vacances.	60
Un Intérieur comme il y en a tant.	10
Le Moulin Joli.	60
La Rue de l'Homme-Armé.	60
La Fée aux Roses.	1 »
Babet.	60
Un Lièvre en serrage.	60
Eve'yne.	60
Trumeau.	60
Mademoiselle Carillon.	60
L'Héritier du Czar.	1 »
Rhum.	60
Les Associés.	60
Les Fredaines de Troussard.	60
Les Partageux.	60
Daphnis et Chloé.	60
Malbranchu.	60
La fin d'une République.	60
La Croix de Saint-Jacques.	60
Paris sans impôts.	60
Un Quinze-Vingt.	30
Les Gardes françaises.	60
Les Vignes du Seigneur.	60
La Perle des Servantes.	60
Un ami malheureux.	60
Un de perdu, une de retrouvée.	60
La République des lettres.	60
Figaro en prison.	60
La Dame de Trèfle.	30
Le Ver luisant.	60
Les Secrets du Diable.	30
Deux vieux Papillons.	30
La Mariée de Poissy.	60
L'Homme aux Souris.	60
Le Baiser de l'Etrier.	30
Planète et Satellites.	60
Héloïse et Abailard.	60
Une Veuve inconsolable.	60
A la Bastille.	
Jean Bart.	
Les Papillons de dame Christine.	
Le Jour de Charité.	
Un Fantôme.	
Les Vœux du Roi.	

SUITE DU CATALOGUE.

Les trois Racan. 60
Les Sociétés secrètes. 60
Le Chevalier de Servigny. 60
C'en était un. 60
Les trois Dondon. 60
Giralda. 60
La première Chanson de Gallet 60
Méphistophélès. 60
L'Alchimiste. 60
Le père Nourricier. 60
La Société du Doigt dans l'OEil. 60
L'Hôtesse de Saint-Eloy. 60
La Fille bien gardée. 60
Le Jour et la Nuit. 60
Plaisir et Charité. 60
Marié au second Garçon au cinquième. 60
Un Bal en robe de chambre 60
Né Coiffé. 60
Le Ménage de Rigolette. 60
Le Pont Cassé. 60
Un Valet sans Livrée. 60
Le Paysan. 60
Charles le Téméraire. 60
L'Anneau de Salomon. 60
Supplice de Tantale. 1 »
Les Infidélités Conjugales. 60
Les Petits Moyens. 60
Les Escargots sympathiques. 60
La Grenouille du Régiment. 60
Les Tentations d'Antoinette. 60
La baronne Bergamotte. 60
Les Extases de M. Hochenez. 60
Le Journal pour rire. 60
Le Renard et les Raisins. 60
La Belle au Bois dormant. 60
La Course aux Pommes d'Or. 60
Christian et Marguerite. 60
L'Avocat Loubet. 60
Royal-Tambour. 60
Mam'zelle fait ses dents. 60
Le vol à la Roulade. 60
La Fée Cocotte. 60
Mon ami Babolin. 60
Le Palais de Cristal. 60
Passiflor et Cactus. 60
Le Duel au Baiser. 60
Les Trois Ages des Variétés. 60
English Exhibition. 60
Histoire d'une Rose et d'un Croquemort. 60
L'Agent secret. 60
Drinn-Drinn. 60
Une Paire de Pères. 60
Les Giboulées. 60
Un Monsieur qui n'a pas d'habit. 60
Mignon. 60
La Chasse aux Grisettes. 60
La Vénus à la Fraise. 60
Les deux Prud'hommes. 60
M. Barbe-Bleue. 60
Une Queue Rouge. 60
Le Pour et le Contre. 60
Le Puits mitoyen. 60
Trois Amours de Pompiers. 60
Les Bloomeristes ou la réforme des Jupons. 60
Le Laquais d'un nègre. 60
Les Danseuses espagnoles. 60
Madame Schlick. 60
Le Prince Ajax. 60
Les Enfants de la Balle. 60
L'Ami de la maison. 60
La Marquise de la Bretèche. 60
Une Veuve de 16 ans. 60
Une passion à la Vanille. 60
Un service à Blanchard. 60
L'Original et la Copie. 60
Une rivière dans le dos. 60
5 Gaillards dont 2 Gaillardes. 60

Un Frère terrible. 60
Une Vengeance. 60
Une petite Fille de la Grande Armée. 60
La Fille d'Hoffmann. 60
Un soufflet n'est jamais perdu. 60
Les Femmes de Gavarni. »
La Maîtresse d'été et la Maîtresse d'hiver. 1
Les Echelons du mari. 60
Les Néréides et les Cyclopes. 60
Poste restante. 60
Le Portier de sa Maison. 60
Les Compagnons d'Ulysse. 60
Le Roi des Drôles. 60
En Mère Moreau. 60
La Queue du Diable. 60
Le Bal de la Halle. 60
Méridien. 60
La première Maîtresse. 60
La Jolie Meunière. 60
La tante Ursule. 60
Mademoiselle de Nayailles. 60
Prunes et Chinois. 60
Histoire d'une Femme mariée. 60
Les Mystères d'Udolphe. 1 »
Une Poule Mouillée. 60
Sullivan. 1 »
Taconnet. 60
Alice ou l'Ange du Foyer. 60
Marco Spada. 1
Tabarin. 60
Les Abeilles et les Violettes. 60
Le Lutin de la Vallée. 60
Le Baromètre des Amours. 60
Habitez donc votre immeuble! 60
Le Miroir. 60
Richelieu. 1 »
On dira des bêtises. 60
Le Carnaval des Maris. 60
Un Festival. 60
Une jolie Jambe. 60
Le Voyage d'une Épingle. 60
Les Amours du Diable. 60
Les Postillons de Crèvecœur. 60
Les Orientales. 60
L'amour, qué qu' c'est que ça? 50
La Vie à bon marché. 60
L'ombre d'Argentine. 60
Faute de mieux. 60
Cadet-Roussel, Damollet, Gribouille et Cie. 60
Fraîchement décorée. 60
Sir John Esbrouff. 60
Les Aides de camp du Général. 60
La Bataille de la vie. 60
Mêlez-vous de vos affaires. 60
Les Moustaches grises. 60
Les Vins de France. 60
La Dame aux Œillets blancs. 60
Les Trois Gamins. 60
La Peine du Talion. 60
Le Mar. par régime. 60
Un Cerveau fêlé. 60
La Queue de la Comète. 60
Sur Terre et sur Mer. 60
Mon Etoile. 1 »
Un Fils malgré lui. 60
Mesdames les Pirates. 60
La Fille invisible 60
Un Père de famille. 60
A la recherche d'un Million. 60
Une Rencontre dans le Danube 60
La Femme à trois Maris. 60
Le dernier des Muhichans. 60
Bertrand c'est Raton. 60
Les Contes de la Mère l'Oie. 60
L'Antichambre en Amour. 60
La Fiancée du Diable. 1 »
En trois Visites. 60
Canuche, ou le Chien de la Chaumière. 60

L'Automne d'un Farceur. 60
Un Provincial qui se forme. 60
La Danseuse espagnole. 60
Un Spahi. 60
La Fille Mousquetaire. 60
Le Fauconnier. 60
La Dette et la Dot. 60
La Nonne sanglante. 1 »
Une Sangsue. 60
M. Bannelet. 60
Allez-vous-en gens de la noce. 60
Un Homme sur le gril. 60
Le Cabaret du Pot-Cassé. 60
La Ligne droite. 1 »
Histoire d'un Sou. 60
Mademoiselle Aïssé. 1 50
Les Binettes contemporaines. 60
Le Diable. 1 50
Les deux Epagneuls 60
La Femme d'un grand Homme. 1 »
Jacqueline Doucette. 60
Le Gendre de M. Caboche. 60
L'Auberge du Lapin Blanc. 60
Ah! quel plaisir d'être Garçon! »
M. Beauminet. 60
Joli mois de Mai. 60
L'Hiver d'un Homme marié. 60
Le Palais de Chrysocale. 60
Trois pour un Secret. »
L'École des Épiciers. 60
Une nuit à Séville. 60
Rose et Narcisse. 60
Les Représailles. 60
Un Mari dans les nuages. 60
L'Amour et le Temps. 60
Le Rat de ville et le Rat des champs. 60
Madame Roger Bontemps. 60
La Femme doit obéissance à son Mari. 60
101 coups de Canon. 60
Donnez-moi la Paix. 60
Un Monsieur comme il faut. 60
Le Professeur des Cuisinières. 60
Estelle et Némorin. 60
Deux vieilles Gardes. 60
Les Métamorphoses de Chamoiseau. 60
Un Bonheur sans nuages. 1 50
Riche de cœur. 60
La Sarabande du Cardinal. 60
Les Dragées du baptême. 60
A deux de jeu. 60
Un Faiseur refait. 60
Satania. 60
Le Nid d'amour. 60
Le Nord et le Midi. 60
Un Vers de Virgile. »
L'Orgue de Barbarie. 60
Désaugiers en voyage. 60
Casse-Cou. 60
Le Legs. »
Le Bureau des Objets perdus. 60
Les Dames Capitaines. 1 »
Le Poignard de Léonora. 60
L'Invitation à la Valse. 1 »
Le Copiste. 60
La Villa des Amours. 60
Le Pot de Fer et le Pot de Terre. 60
Au Clair de la Lune. 60
Rompons! 60
L'Amour et Psyché 60
Une vie de Polichinelle. 60
Péché caché. 1 »
Marcassin ou le Mai de mari de ma Femme. 60
La Chasse aux Biches. 60
Une Guitare au violon. »
A qui la mèche? 60

Les Amoureux de Claudine. 60
Le mieux est l'ennemi du bien. 60
Le Hanneton du Japon. 60
Mademoiselle mon Frère. 60
Macaroni d'Italie. 60
Les Talismans de Rosine. 60
Simone. 60
Mademoiselle Chuin. 60
Un Duo de Capons. 60
La Nuit rose. 60
Monsieur Ackeri. 60
M. et Madame Robinson. 60
La dette de Jacquot. 60
L'Autographe. »
Faust et Framboisy. 60
En revenant de Pondichéry. 60
Fradiavolipo. 60
Le Royaume du Poëte. 60
Les Premières Armes de Fanfan la Tulipe. 60
Les Souliers du Poëte. 60
Le Pays des Échasses. 60
Le Poëme de Claude. 60
Le Banquet des Bibelettes. 60
Les Enfants de la Victoire. 60
Voyage autour de ma chambre. 60
La Pagode. »
Le Soufflet de l'Amour. 60
Yvonne. »
Après nous la fin du monde. 60
Quel drôle de Monde! 60
Les Profits du Jaloux. 60
La Jeunesse de Franklin. 60
Maître Palma. 60
A la Bastille. »

LAGNY. — Typographie de A. VARIGAULT et Cie.